안녕하세요. 희북이입니다.
한 주 잘 보내셨어요?

TO.
TURTLENECK
MEMBERS

———————————————

———————————————

———————————————

———————————————

보내는 이. 김보희

TURTLENECK PRESS
PROLOGUE

NEWSLETTER

**<거북목편지>는 거북'목'이니까 매주 목요일,
책을 좋아해서 거북목이 된 멤버들에게 보내는 편지입니다.**

어릴 때부터 편지 쓰는 걸 좋아했습니다. 친구들과 실컷 떠들고 헤어진 뒤에도 할 말이 남은 것처럼 또 편지를 쓰곤 했어요. 말로는 다 하지 못했던 이야기들, 조금 더 내밀한 사정, 더 표현하고 싶었던 마음을 단어를 골라가며 편지지에 꾹꾹 눌러 썼습니다. 그렇게 쓴 편지를 친구의 책상 서랍이나 사물함에 넣어두거나 헤어지는 인사를 나누며 직접 건넬 때면 설렜습니다. 마음 한 조각을 떼어 전하는 것 같았거든요. 답장을 받을 땐 또 얼마나 기뻤는지요. 쉬는 시간을 마치고 자리로 돌아와 익숙한 내 책상 위, 익숙한 책과 물건 사이에 놓인 낯선 편지봉투를 발견했을 땐 다른 세계에서 날아온 초대장을 받은 듯 했습니다. 편지를 주고 받는 일은 언제나 말 그대로 "좋았어요".

<거북목편지>를 왜 쓰기로 했는지는 정확히 기억이 안 납니다. 터틀넥프레스를 시작하며 꼭 하고 싶은 일 리스트에서 '뉴스레터 보내기'는 항상 상위권에 있었어요. 처음엔 브랜드를 알리기 위해서였을 겁니다. 이제 시작하는 작은 브랜드가 목소리를 낼 방법은 한계가 있었고, 뉴스레터는 우리 브랜드 이야기를 전할 수

있는 아주 훌륭한 매체였으니까요.

그런데 0호, 그러니까 <거북목편지>의 첫 번째 편지를 쓰며 바로 벽에 부딪쳤습니다. 레퍼런스로 모아두었던 다른 브랜드들의 뉴스레터를 열어보니 전부 멋진 거예요. 잘 만든 디자인과 레이아웃, 감성 가득한 사진, 정보는 넘치고 글은 또 왜 이렇게 잘 쓰시는 거죠? 별생각 없이 보았던 뉴스레터들이었는데, 쓰는 사람의 입장에서 보니 달랐습니다. 결국 늪에 빠졌어요.

뭘 해도, 뭘 써도 별로인 것 같았어요. 며칠간 쓰고 지우기를 반복했습니다. 발송일 반나절 전까지 한 줄도 쓰지 못했어요. 쫓기는 마음에 더더욱 아무것도 할 수 없었습니다. 빈 문서창의 깜빡이는 커서가 저를 놀리는 듯했습니다. 망했네 망했어, 하며 스스로를 원망하고 탓했어요.

'난 대체 왜 뉴스레터를 한다고 한 거지…?'

저도 모르게 이런 답이 따라왔습니다.

'편지를 쓰고 싶어서.'

편지. 뉴스레터가 아니라 편지. 편지를 쓰고 싶어서. 그제야 흐릿했던 눈앞이 맑아졌어요. 편지 쓰는 건 좋아하는 일이니까. 편지는 쓸 수 있으니까. 고통 받던 시간이 무색할 만큼 빠르게 첫

<거북목편지>를 써내려갔습니다. 그렇게 쓰기 시작한 편지를 거북목 멤버들에게 보낸 지 어느새 1년 반이 되었습니다.

여전히 매주 목요일, 책 좋아하는 거북목 멤버님들을 떠올리며 편지를 씁니다. 1인 출판사 터틀넥프레스가 책 만드는 일상, 좌충우돌 에피소드, 멤버님들에게 알리고 싶은 소식, 때로는 책과는 전혀 상관없는 이야기도 종알종알 풀어놓습니다. 객원 필진의 글을 연재하기도 합니다. 멤버님들과 나누고 싶은 것이라면 뭐든 담아 보내요.

딱 그때만 주고받는 편지이고 싶어서, 이전 편지를 볼 수 있는 아카이빙 기능은 사용하지 않고 있습니다. 때문에 이 책에 담긴 49통의 편지는 어디에서도 볼 수 없는 이야기들이에요.

매주 많은 답장을 받았습니다. 헤아려보니 2024년 한 해 동안 632통의 답장을 받았더라고요. 집의 거실 테이블에 앉아 도드락도드락 혼자 책을 만드는 1인 출판사 대표는 사실 조금 외롭습니다. 그런데 편지를 쓰고부터 혼자라는 생각이 사라졌어요. 일하다가도 편지함을 들락거리며 답장을 읽고, 또 읽습니다. 편지 저편에 친구들이 있다, 지금 만들고 있는 이 책을 기다려주는 친구들이 있다, 생각해요. 시간과 마음을 내어 읽고 또 답장해주신 세상 곳곳의 거북목 멤버님들, 고맙습니다. 답장도 늘 감사한 마음으로 한 통도 빠짐없이 읽고 있어요.

이 글을 쓰는 오늘도 <거북목편지>를 쓰는 날입니다. 여느 때처럼 "다음주 목요일에 편지할게요"라고 편지를 마무리할 거예요. 저는 이 마지막 인사를 쓸 때마다 다음주 인사를 건네지 못할 진짜 마지막 날을 떠올리곤 해요. 그러면 우리가 나누는 이 한 통의 편지가, 이메일이 더 소중해집니다.

수많은 이메일, 뉴스레터 중 하나로 여길 수도 있는 <거북목편지>를 아껴 읽어주셔서 감사합니다. 그리고 이 책으로 <거북목편지>를 처음 알게 된 새로운 멤버님들 환영합니다. 또 편지 드릴게요.

2025년 초여름 희북이 드림

PROLOGUE

일러두기
- 〈거북목편지〉는 터틀넥프레스에서 발행하는 뉴스레터입니다. '희북이'는 터틀넥프레스를 운영하며 책을 만드는 김보희입니다.
- 편지는 거북'목'이니까 '목'요일에 발송합니다. 2024년에는 매주 편지를 보내다가, 2025년에는 둘째 넷째 목요일에 보내드리는 것으로 원칙을 바꿨으나 하고 싶은 이야기가 많아서 다시 매주 목요일에 편지를 보내고 있습니다.
- 〈거북목편지〉를 받는 독자분들을 '거북목 멤버' 혹은 '멤버'라고 부릅니다. 멤버들에게는 편지를 통해 가장 빠르게 터틀넥프레스의 소식을 전합니다.
- 이 책에는 2024년 1월 18일에 보낸 첫 편지 0호부터 2024년 12월 26일 발송한 48호까지 총 49통의 편지를 수록했습니다.
- 〈거북목편지〉는 누군가에게 보내는 진짜 편지처럼 편하게 쓰고 있습니다. 책으로 옮겨올 때도 큰 수정 없이 자연스럽게 두었습니다.
- 한수희 작가님의 연재 〈생활과 생각〉은 일부만 수록했습니다. (여기까지만 공개할게요)라고 표시해두었어요. 작가님이 추천해주신 음악은 모두 수록했습니다.
- 마틸 멤버님의 기고글, 공지사항 게시판 역할을 하는 '엉금엉금 터틀넥프레스 소식', 멤버들의 사연을 나누는 '거북목 라디오'는 수록하지 않았습니다.
- 🍃 편지 뒤에 덧붙인 글은 현재 시점에서 쓴 코멘트입니다.

거북목편지
000 - 048

PROLOGUE	004
000-015　편지가 도착했습니다	012
016-030　당신이라는 이야기 속으로	096
031-043　함께라면 가능할지도	174
044-048　다음 챕터로 엉금엉금	242
<거북목편지> 보낸 편지함	278

000-015

편지가 도착했습니다

TURTLENECK

거북목편지   No.000

멤버님, 안녕하세요! 오래 기다려주셔서 감사합니다. 이 편지를 6개월 이상 기다린 멤버님도 계실 거예요. 가을에 드리려던 편지를 해가 바뀌고야 전합니다.

'음? 이 편지는 뭐지?' 하는 멤버님도 있을 거예요. 지금 읽고 계신 <거북목편지>는 『기획하는 일, 만드는 일』, 『오늘도 우리는 나선으로 걷는다』, 『에디토리얼 씽킹』을 출간한 터틀넥프레스가 책 때문에 '거북목'이 된 멤버들에게 '목'요일마다 보내는 편지입니다.

이번 편지를 쓰기 전에 엄청나게 고민했어요. '뉴스레터'라고 하면 어쩐지 멋있는 말로 시작해야 할 것 같은데… 그런 말은 떠오르지 않고, 이런 코너를 만들까 저런 코너를 만들까, 아니면 근사하게 디자인한 틀이 있어야 하나 등등등… 수많은 고민을 했는데요. 결국 이렇게 결론을 내렸어요. 진짜 편지를 쓰자고요. 뉴스레터가 아닌, 편지요.

터틀넥프레스는 작년 2월 9일에 출판등록을 하고, 7월에 첫 책을 낸 아직 한 살이 안 된 출판사예요. 나이도 어리지만, 규모도 작아요. 저 혼자거든요. 혼자 책을 만들고, 알리고, 팔고, 전부 다 합니다. 물론, 함께 책을 만들어가는 든든한 협업 동료들이 있지만요.

터틀넥프레스의 공식적인 브랜드 소개는 이러해요.

"터틀넥프레스는 책 때문에, 책을 좋아해서 거북목이 된 사람들을 위한 브랜드입니다."

이 글을 쓰는 희북이는 '김보희'라는 사람입니다. 올해로 21년 차인 출판편집자입니다. 터틀넥프레스를 시작하기 전에는 19년간 회사에 소속해 책을 만들었어요. 저는 제가 정년까지 출판사에 소속해 직장인으로 책을 만들 줄 알았는데요. 인생은 흥미진진하더라고요. 회사의 울타리를 넘을 줄은, 게다가 그렇게 도착한 곳이 출판사 창업일 줄은 몰랐어요.

터틀넥프레스를 시작하면서부터 뉴스레터를 꼭 발행하고 싶었어요. 평소에도 편지나 이메일 쓰는 걸 좋아하는데요. 터틀넥프레스의 책을 읽어주시는 분들께 편지로 마음을 전하고 싶고,

이 아이는 자라서 터틀넥프레스의
희북이가 됩니다. 첫 인사 드려요.

이야기도 나누고 싶었어요. 그리고 더 나아가, 책을 좋아하는 거북목님들을 만나고 싶었고요. 서점에 가면 설레는, 외출할 때 가방에 책 한 권은 넣고 나가야 안심이 되는, 고요한 카페에 앉아 책 읽는 시간이 너무 좋은, 책에 밑줄 그을 연필이나 메모할 노트를 고를 때 행복한, 그런 거북목 친구들요. 이렇게 우리가 만났네요.

<거북목편지>는 매주 목요일 아침, 우편함(메일함)에 담겨 있을 거예요. 한 주는, 거북목 멤버들과 함께 꼭 읽고 싶은 작가님의 에세이가, 또 한 주는 터틀넥프레스 희북이의 편지가 번갈아 도착할 예정입니다. 혹여 제가 마감에 허덕일 땐 엽서 같은 짧은 편지를 보낼 수도 있어요. 이해해주실 거죠? 하지만 꼭 소식 전할게요. 약속!

그럼 어서 빨리 멤버님께 공개하고 싶었던, 격주로 함께 읽을 에세이부터 소개해드릴게요. 이 편지를 처음 떠올렸을 때부터 '그' 작가님께 글을 부탁드렸어요. "우리 멤버들을 위해 부디 글을 써주세요" 하고요. 그러니까, 그분이 바로바로 누구시냐면요…

한/수/희 작가님입니다!!!

작가 소개: 한수희
2013년부터 《AROUND》 매거진에 책과 영화에 대한 칼럼을 쓰고 있습니다. 『오늘도 우리는 나선으로 걷는다』, 『무리하지 않는 선에서』, 『온전히 나답게』 등을 썼습니다. 자기소개는 언제 써도 부끄럽습니다.

한수희 작가님의 글을 기다려온 거북목 멤버님들이 많았어요. 지난해 12월 터틀넥프레스에서 출간한 재개정판 『오늘도 우리는 나선으로 걷는다』로 그나마 아쉬움을 조금 달랬는데요. 정말 오랜만에 작가님이 새로운 이야기를 들려주실 예정입니다. 매체 연재글 이외에는 2019년 출간된 『무리하지 않는 선에서』 이후 처음이라는!

연재 제목은 '생활과 생각'이고요. 총 여섯 편, 어쩌면 일곱 편의 글을 봄이 될 때까지 함께 읽을 거예요. 다음주 목요일 그 첫 번째 글을 <거북목편지>에 담아 보내드릴게요.

오늘 이야기는 여기까지입니다. 다음주 목요일부터 진짜, 작정하고, 이야기 나눠요, 우리. 엄청 긴 편지가 도착할지도요? 아, 그리고 <거북목편지>는 다시 보기가 없는 편지입니다. 아카이

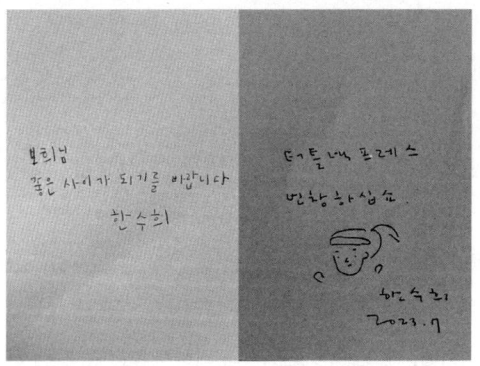

첫 사진은 한수희 작가님을 처음 만났던 2017년에 받은 사인. 두 번째 사진은 함께 나이 들어가는 한수희 작가님의 2023년 사인. 이제 보니 2017년의 사인은 글씨만 봐도 어색함이 느껴집니다.

브가 없으니 첫 번째 편지부터 함께 읽고 싶은 친구가 있다면 바로 공유해주세요.

멤버님, 작고 작은 출판사의 이야기에 귀 기울여주셔서 고맙습니다. 장수하는 출판사, 장수하는 책들을 만들어갈게요. 첫 번째 편지를 우편함에 넣고 갑니다. 다음주에 또 올게요.

2024년 1월 18일 희북이 드림

💭 이 편지를 보낸 후 많은 답장을 받았다. 며칠간 답장을 읽고 또 읽었다. 누군가 터틀넥프레스를 응원하고 있다는 그 든든함. 이번에 편지를 묶으며 다시 꺼내보니 그때는 모르는 사이였지만, 이제는 얼굴까지 떠오르는 반가운 이름들이 많다.

거북목편지　　No.001

일주일 잘 보내셨어요? 희북이예요. 와, 너무 추워요.

기다리는 편지가 있으면 우편함을 서성이게 되잖아요. (요즘은 우편함에 고지서나 광고 전단지만 꽂혀 있지만요.) 제가 요즘 그랬어요. 지난번 편지를 드린 후, 정말 많은 답장을 받았어요. 편지를 쓰는 오늘까지도 답장이 속속 도착하고 있어서, 우편함을 서성거리듯 구글폼에 몇 시간에 한 번씩 들어가보고 있어요.

보내주신 답장은 한 편 한 편 전부 읽었어요. 심지어 여러 번요. 멤버님들, 정말 감사해요. 제 답장은 다음주에 보내드릴게요. 궁금해하셨던 것들도 그때 꼭 답할게요! 왜냐면, 오늘은, 얼른, 한수희 작가님의 글을 읽으셔야 하니까요.

지난주에 말씀드린 것처럼, 한수희 작가님의 새 에세이를 편지에 곱게 담아 보냅니다. 연재 제목은 '생활과 생각'이에요. 모니터나 휴대폰으로 긴 글을 읽는 게 쉽지 않을 수도 있지만, 중간중간 이미지를 넣거나, 글씨를 굵게 하는 등의 장치를 넣지 않았어요. 온전히 글을 전하고 싶어서요.

이번 글은 집중력을 도둑맞은 저도 7분 동안 읽었어요. 우리 딱 7분 동안 우리들만의 바다에서 자유롭게 헤엄친다고 생각하면서 함께 읽어봐요. 글이 끝난 후에는 작가님이 추천해준 노래도 있으니까, 꼭 함께 들어요!

 by 한수희   생활과 생각

<한수희의 인생>

한때 나는 종종 한수희라는 이름을, 그러니까 내 이름을 네이버 검색창에 써보곤 했다. 그 무렵 나는 막 잡지에 글을 쓰고 책을 내기 시작했고, 누가 내 글과 책을 읽었는지가(혹시라도 극찬의 평을 남기지는 않았는지가) 궁금했다. 엔터 키를 누르면 전국 팔도의 몇 안 되는 한수희들이 나타났다.

첫 번째 한수희 씨는 사진까지 등록된 뮤지컬 배우였다. 커트 머리에 다부진 인상의, 운동을 했을 것 같은 인상이었다. 뮤지컬 배우니까 노래도 잘하겠지. 나는 노래를 잘하지 못한다. 스물여섯 살 이후로는 노래방에 가본 적조차 없다. 운동도 젬병이다. 그런데 운동하게 생겼다는 말은 많이 들었다. (화가 난다.) 아무튼 한동안 나는 이 한수희 씨가 커트 머리를 한 중성적인 느낌의 여배우라고 생각했는데, 알고 보니 남자여서 놀랐다. 아니, 왜 나는 그를 밑도 끝도 없이 여자라고 생각했을까? 한수희라는 이름은 여자 이름이라고 철석같이 믿었기 때문이다. 아아, 이거야말로 '지구는 나를 중심으로 돈다'가 아닌가.

(여기까지만 공개할게요.)

▷추천 음악

윤상, <My Cinema Paradise>

이 곡이 들어 있는 앨범 『그땐 몰랐던 일들』은 2009년도에 발표되었는데, 요즘도 종종 들으면서 감탄하곤 합니다. 아, 정말 윤상은 천재야…. 특히 이 곡은 저의 'All time favorite'입니다. 윤상의 노래는 아무리 밝아도 슬픔이 느껴져요. 이 글을 쓸 때 저는 밝음과 슬픔을 동시에 생각했습니다. 아니, 사실 저는 언제나 밝은 슬픔에 대해 쓰고 있답니다. (한수희)

멤버님은 이름이 같은 사람을 만나본 적 있나요? 저는 한 번도 없었거든요. 그래서 검색해봤어요. 화가, 가수, 영화배우, 연극배우, 영화프로듀서 등등 다양한 분들을 찾았는데, 그중 가장 연배가 높은 분은 김유신의 첫째 누이였습니다. 멤버님의 이름 이야기도 궁금해요. 우편함에 메모를 남겨주시겠어요?

저는 다음주 '목'요일에 또 편지할게요. 한 주 동안 허리 쫙 펴고, 목 당기고, 스트레칭하면서 지내길요! 고맙습니다.

2024년 1월 24일 희북이 드림

거북목편지　　　　No.002

터틀넥프레스도 '어엿한 출판사다'라는 생각이 들어 새삼 대견해하는 때가 있어요. 물론, 책을 세 권이나 낸 이미 어엿한 출판사지만, 그럼에도 문득문득 "오~ 터틀넥프레스~" 하는 때요. 예를 들어, 매일 아침 책 주문 시스템에 접속해 주문서를 넣을 때, 작가님께 보내드릴 인세 정산서를 만들고 인세를 입금할 때, 입금자명에 '김보희(터틀넥프레스)'라고 찍힌 걸 볼 때 등등요.

저 지난주에도 '오~ 어엿한데~' 했던 일이 있었어요. 출판인들이 보통 '인사회'라고 부르는, 정식 명칭은 '인문사회과학 출판인협의회'라는 이름도 길고 역사도 긴 출판사와 출판인들의 커뮤니티가 있는데요. 이 인사회에서는 1년에 한 번 도서 목록을 만들어서 전국의 도서관과 서점 등에 배포해요. 그런데 그 목록에 예술 분야 책인 장수연 피디님의 『기획하는 일, 만드는 일』과 최혜진 작가님의 『에디토리얼 씽킹』을 수록하고 싶다고 신청했어요! 이게 왜 어엿했냐면요….

회사에 다닐 때, 인사회 도서 목록에 참여하는 일은 대표님이 결정하시거나 회사의 방향에 따라 결정되는 일이었어요. 제가 '결정하는 일'이 아니라 '결정되는 일'요. 그런데, 그걸 스스로 결정하고 실행하고 나니 엄청 뿌듯하더라고요. 멤버님께 편지를 쓰다보니 알겠어요. 터틀넥프레스가 회사로서 해야 할 일을 할 때, 주체적으로 결정하고 실행할 때 '어엿하구나!' 하고 느끼네요.

일주일 동안 어떻게 지내셨어요? 지난주에 한수희 작가님의 '생활과 생각' 첫 번째 글 <한수희의 인생>을 보내드린 후, 저는 하루에 한 번쯤 '이름'에 대해 생각했어요. 오늘도 은행에 다녀오던 길에 또 생각했어요. '이름'이란 뭘까.

경축! 모바일뱅킹에서 하루 이체 한도가 30만 원이었던 터틀넥프레스가, 드디어 150만 원 한도를 갖게 되었습니다.

편지가 도착했습니다

우편함에 거북목 멤버님들이 남겨주신 이름에 대한 글도 떠올렸어요. 나와 이름이 같은 누군가의 이야기, 가족 이야기, 내 이름을 검색해본 결과들, 어류와 북아프리카 전통 수프와 같은 이름을 가진 멤버님들 등등 다양한 이야기가 도착했거든요. 이름에 대해 난생 처음 생각해봤다거나, 네이버에 처음 검색해봤다는 고백도 있었어요. 이름 생각에 한참을 머물러 있었다는 분도 많았고요.

지난주에도 말씀드린 것처럼 저는 우편함을 서성거리며 멤버님들의 이름 사연이 도착할 때마다 재빨리 읽었습니다. 깔깔깔 웃기도 하고, 울컥하기도 하고, 미간에 힘을 잔뜩 넣고 고개를 끄덕거리며 공감하기도 했고요. 그중 한 편을 소개해드릴게요. 방해리 멤버님의 사연인데요. 해리님은 어릴 때 이름 때문에 '해리포터'라는 별명으로 불렸대요. 이야기는 이렇게 이어집니다.

"컴퓨터 수업 시간이었어요. 평소에는 컴퓨터 사용법을 배우거나 타자 연습을 하는데, 그날엔 독특하게 각자의 이름을 포털 사이트에 검색해보는 활동을 했어요. 저는 아무런 기대도 하지 않았어요. 당연히 '해리포터'가 뜰 거라고 생각했으니까요. 역시나. 이름을 입력하고 엔터를 누르자 '해리포터'에 관한 문서들이 주욱 떴어요. '그럼 그렇지' 하고 있는데, 옆자리에 앉은 꾸러기 반 친구 놈이 제 컴퓨터 화면을 보더니 장난기 가득한 말투로 이렇게 말하는 거예요.

"너, 그냥 해리포터가 아니구나? 해리포터와 비밀의 방… 해리구나? 해리포터와 비밀의 방해리다!"

포털 사이트는 문서 내에서 검색어만 포함된 문장을 도출해서 보여 주잖아요. 그 바람에 검색된 문서들이 온통 '해리포터와 비밀의 방해리포터와 비밀의 방해리포터와 비밀의 방해리…'였던 거예요! 그 순간, 십여 년의 인생을 별명에 시달리며 살아온 저는 본능적으로 깨달았습니다. 아, 망했다.

그날 이후로 저는 '해리포터'에서 '방해리포터와 비밀의 방해리포터와 비밀의 방해리포터와 비밀의 방해리'가 되었습니다.

(…)

P.S. 하지만 제 이름을 싫어한 적은 한 번도 없어요. '해처럼 빛나리'라는 멋진 뜻이 담긴 소중한 이름이거든요!"

컴퓨터실의 '해리포터와 비밀의 방해리'님과 꾸러기 친구를 떠올리니 웃음이 났어요. 어릴 때 이름 때문에 생긴 별명으로 놀림 받아본 적, 멤버님들도 많을 거예요. 유치한 것도 있지만, 지금 생각하면 기발한 별명도 꽤 있었던 것 같아요.

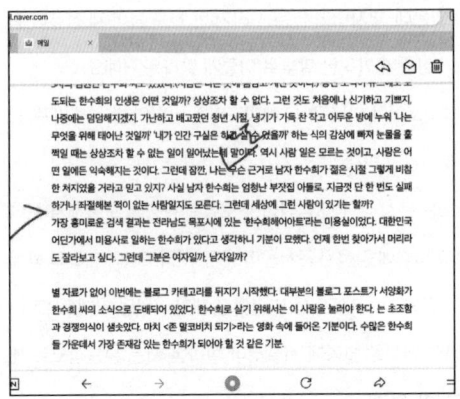

한수희 작가님이 〈한수희의 인생〉 최최최최종 원고를 수정하신 것 중 일부입니다.

혹시 멤버님도 글쓰기에 관심 있으신가요? 저는 글쓰기 관련 질문이나 고민을 자주 받는 편인데요. 글이 어렵다거나, 잘 쓰고 싶다고 말하는 분들께 한수희 작가님의 탈고 과정을 자주 말씀드려요.

우리가 읽을 때 너무너무너무 잘 쓴 작가님의 글은 적어도 10번 정도의 수정 과정을 거친 글이에요. 한수희 작가님은 편집자인 제게 원고를 주실 때, 적어도 7~8회 수정하고 주신다고 해요. 피드백을 많이 하는 편인 저도 작가님께 적어도 2~3회 이상 피드백을 드립니다. 책을 만들 땐, 교정 과정까지 거치니 더더 많이 수정을 하지요. 그런 과정을 거친 글을 독자님들이 만나게 되는 거고요. 사실, 작가님이 처음 주신 원고도 충분히, 그대로 출판해도 될 만큼 좋아요. 그런데도 퇴고, 또 퇴고하시더라고요. 더 나은 글을 쓰기 위해서요.

저도 글쓰기가 너무 어렵고, 제 글이 썩 마음에 안 들고 그렇거든요. 그럴 때마다 한수희 작가님의 탈고 과정을 떠올려요. '아니… 글 잘 쓰는 작가님도 그렇게 더 나은 단어가 없을까, 더 나은 표현이 없을까 계속 고민하며 수정하시는데 한 방에 좋은 글이 나오길 바랐던 거야!?' 하고요.

옆에 인용한 원고 수정 이미지는 <거북목편지> 1호를 발송하기 전날, 영화 상영 시간을 기다리며 극장에 계신 작가님께 "최최최최종으로 봐주세요!" 했을 때 보내주신 수정 중 일부예요. 실은 저 이때 되게 감동받았어요. 뉴스레터라고 가볍게 여기지 않고, 마지막까지 공들여 살펴봐주시는 마음에요.

<한수희의 인생>이라는 글은 이렇게 완성되었습니다. 다음 주 목요일에도 작가님의 글을 담아 보내드릴게요. 이런 탈고 과정을 거친 글을요. :)

타임스탬프	늘 멤버님 성함을 여쭤봐도 될까요?!
2024. 1. 18 오전 7:12:20	김미진(마틸)
2024. 1. 18 오전 7:14:55	설레다
2024. 1. 18 오전 7:23:08	김경현(구우는 애니 캐릭터지만, 거북 구, 벗 우 우거봅니다 ㅎㅎ)
2024. 1. 18 오전 7:28:56	coke
2024. 1. 18 오전 7:45:24	강선미
2024. 1. 18 오전 7:57:32	곰아재
2024. 1. 18 오전 8:09:24	롱구
2024. 1. 18 오전 8:13:54	용
2024. 1. 18 오전 8:13:57	이넛지
2024. 1. 18 오전 8:26:54	뽀니뿌니
2024. 1. 18 오전 8:33:07	저도 회 입니다!! ㅎㅎ
2024. 1. 18 오전 8:41:30	최서원
2024. 1. 18 오전 8:42:58	원
2024. 1. 18 오전 8:44:26	거미
2024. 1. 18 오전 8:57:48	우연경
2024. 1. 18 오전 9:09:40	민지
2024. 1. 18 오전 9:22:46	진흙거북
2024. 1. 18 오전 9:23:28	광화문 거북목 보영이지요!
2024. 1. 18 오전 9:32:48	지현
2024. 1. 18 오전 9:48:03	승모통증결

지난 〈거북목편지〉 0호에 답장을 보내준 멤버님들은 총 68명! 그중 가장 빨리 답장을 보내주신 열 분이에요. (한 분은 성함이 없었어요.)

예고편과도 같았던 0호에 응원과 축하를 담은 답장을 듬뿍 받았어요. 오늘은 그중 세 분의 질문에 보내주신 순서대로 답장을 드릴게요. 다음 편지에서도 계속 이어나가겠습니다!

Q. 그럼 이제 희북이 생일은 2월 9일인 거죠? (곰아재)

A. 희북이, 제 생일은 10월입니다! 터틀넥프레스의 생일(출판사 등록일)이 2월 9일이고요. ㅎㅎ 이번에 터틀넥프레스 생일을 맞아 계획한 것이 있는데요. 올해는 첫 책 『기획하는 일, 만드는 일』이 출간되었던 7월 초에 맞춰 진행해보려고 해요.

Q. ㅅㅏ랑해요 터틀넥! 영원해요 희북희북! 어머… 거북이에 북이 book일 수도…(융)

A. 맞아요! 거'북'이의 북, 책의 Book!

Q. 관심 있게 보고 응원하던 출판사여서 질문란에 문의드려 봅니다! 혹시 투고도 받으실까요~? 지금 이미 다음 책들 준비로 바쁘신 상황이실까요.ㅠㅠ (원)

A. 원님, 관심+응원 감사해요. 먼저, 터틀넥프레스는 2024년에 총 '3.5권'의 책을 준비하고 있어요. 3.5권이란, 올해 세 권을 출간하고 한 권은 준비해서 내년에 출간하는 것인데요. 만일 변수 없이 잘 진행된다면 올해 네 권 모두 출간할 수도 있고요. 그리고 투고 원고는요… 터틀넥프레스는 혼자 운영하는 작은 출판사여서 한정된 종수만 출간할 수 있는 상황이랍니다. 때문에 투고는 정중히 사양하고 있습니다. ㅠㅠ 부디 이해해주시기를요. 좀 더 많은 책을 출간할 수 있는 때가 오도록, 꾸준히 만들겠습니다!

이 편지가 멤버님의 우편함에 도착할 즈음 저는 통영으로 가는 버스 안에 있을 거예요. 이전 회시 동료들과 플입 여행을 갑니다. 몇 년 동안 가족보다도 더 오래 시간을 보낸 동료들인데 팬데믹 때문에, 또 책 만드는 일상이 너무 바빠서 함께 여행을 가본 적이 없어요. 드디어 졸업 여행 콘셉트로 통영에 갑니다! 아마도 통영에는 이른 봄이 오지 않았을까 기대하고 있어요. 다음주에 후기를 전할게요!

편지가 길었습니다. 여기까지 읽어주셔서 감사해요. 다음주에는 한수희 작가님의 '생활과 생각' 두 번째 에세이를 보내드릴게요.

그럼, 다음주에 또 편지할게요.

2024년 2월 1일 희북이 드림

거북목편지 No.003

저, 통영에 다녀왔어요. 지난주 편지는 통영으로 가는 고속버스 안에서 '발송하기'를 눌렀답니다. (올해 목표가 '계획을 잘 지키는 J로 살기'인데, 와아 쉽지 않아요. 엉엉.) 멤버님들이 보내주신 답장들은 통영에서 읽었어요. 신기하게도 멀리서 온 편지를 받은 듯하더라고요. 구글폼인데도, 메일함인데도 거북목 멤버님들이 보내준 답장은 그런 기분이 들어요. 그래서 몇 번이고 되풀이해 읽습니다. 통영에서의 2박 3일 여행 이야기는 다음 편지에서 나눌게요. 곳곳을 추천해주신 분들 모두 고맙습니다.

오늘은 한수희 작가님의 '생활과 생각' 연재, 두 번째 글을 담아 보냅니다. 이번 글은 팬티 이야기예요. 네, 그 팬티 맞아요. 우리가 휴대폰보다 더 오래, 더 가까이 몸에 착 붙이고 있는 것. 그럼에도 당연하고 무심하게 대하는 것. 오늘도 작가님의 글에는 이미지나 글씨 강조 등을 추기하지 않았어요. 온전히 글을 전하고 싶은 마음에서요. 5분 동안 우리들만의 바다에서 자유롭게 헤엄친다고 생각하면서 함께 읽어봐요. 그리고, 우리 팬티 이야기를 나눠봐요(!) 아, 글이 끝난 후에 작가님이 추천해준 노래도 있으니까 함께 들어요.

 by 한수희   생활과 생각

<맥시팬티를 새로 샀다>

나는 맥시팬티를 입는다. 레이스 팬티도, 망사 팬티도, 티 팬티도 아닌 맥시팬티를 입는다. 심지어 몇 년 전에는 그 사실을 책에다 써서 전국 방방곡곡에 알리기까지 했다.(『무리하지 않는 선에서』 참고) 맥시팬티란 무엇인가? 맥시팬티가 무엇인지 나도 맥시팬티라는 것을 사고 나서야 알았다. 어릴 때 목욕탕에서 보았던, 할머니들이 입는 커다란 팬티보다 살짝 작은 팬티가 맥시팬티다. 말 그대로 넉넉한 팬티다. 중년 여성의 아랫배와 엉덩이 살을 푸근하게 감싸줄 정도로 넉넉하다. 마흔이 넘어 처음으로 맥시팬티라는 것을 입어본 나는 그 착용감에 홀딱 반하고야 말았다. 그런 이야기를 책에도 썼다. 내가 무슨 팬티를 입는지 남들이 알아야 하는가, 라는 문제에 대해 나 자신도 확신이 없었지만 뻔뻔하게 썼다.

(여기까지만 공개할게요.)

▷ 추천 음악

Dinah Washington,

<What A Difference A Day Makes>

내가 고등학생일 때, 왕가위의 <중경삼림>이 그야말로 센세이셔널한 인기를 끌었다. 이후 수년간 한국에서 제작된 영화며 광고들은 이 영화의 영향력에서 벗어나지 못했고, 9시 뉴스에도 이 영화 때문에 연극영화과 지망생이 늘었다는 소식이 나올 정도였다. (나는 그 몇 년 후에 연극영화과에 입학했다. <중경삼림> 때문은 아니었다.) <중경삼림> 덕분에 몇 곡의 오래된 노래들도 다시 인기를 끌었다. 이 노래도 그중 하나였다. 얼마 전에 넷플릭스의 <바디스>라는 시리즈에서 오랜만에 이 노래를 다시 들었다. 아주 구식인데, 또 아주 환상적이다. 이 노래를 들으면 이상하게도 만사가 내 뜻대로 흘러가지 않는 것이 무척 당연한 것 같고, 또 그럭저럭 괜찮게 느껴진다. 정말 이상하다. (한수희)

멤버님은 '맥시팬티'를 알고 있었나요? 맥시팬티의 존재를 처음 알게 되었다면, 아마도 이 편지를 다 읽은 후 아주 자연스럽게 맥시팬티를 검색창에 쳐보게 될 거예요. 저도 처음에 그랬거든요. 마음이 편안한 사람이 되고 싶은가요? 멤버님은 어떤 사람이 되고 싶은가요? 거북목 우편함에 편지를 남겨주세요. 그럼, 저는 다음주 '목'요일에 또 편지할게요. 감기 조심하기요!

2024년 2월 8일 희북이 드림

거북목편지 No.004

진짜 새해가 시작되었어요. 우리에게 주어진 두 번째 기회(!) 진짜 2024년입니다. <거북목편지>를 시작하고 일주일이 얼마나 빠르게 흘러가버리는지 실감하고 있어요. 정신 똑바로 차려야겠다! 이러다가 꽃 피고 봄이 오고, 더워더워 여름 지나 보내고, 가을 건너뛰기하고, 다시 겨울이 올 것만 같아요. 우리 지금부터 눈 크게 뜨고 봄이 오는 걸 공들여 지켜보자고요. 실은 작년 이맘때엔 몸살을 앓는 것처럼 힘들게 보냈거든요. 오늘은 그때 이야기를 해보려고 해요.

지난 2월 9일은 터틀넥프레스가 출판등록을 한 지 딱 1년 되던 날이었어요. 출판등록은 사업자등록과는 별개로 '이제부터 출판사를 시작합니다!' 하고 등록하는 건데요. 처음에 등록하려고 알아볼 땐 긴장되어서 덜덜덜 떨었는데, 막상 해보니 엄청 간단했어요. 구청에 간다, 신청서를 쓴다, 담당 직원에게 제출한다, 끝.

사실은 그때 해가 바뀌면(2023년이 되면) 1월에 바로 출판등록을 해야지, 해놓고는 조금씩 미루고 있었어요. 그게… 등록을 해버리면 진짜 시작될 것 같았거든요. 그때까진 '브랜드를 준비한다'라는 말 뒤에 숨어 있었는데, 등록을 해버리면 '출판사를 시작한다, 운영한다'가 되어버리고, 이는 곧 '창업한다', '사업한다'라는 의미니까요.

저는 제 인생에 '창업', '사업'이라는 단어가 등장할 거라고 단 한 번도 생각해본 적이 없었어요. 아니, 오히려 제 인생에서 삭제하고 싶은 단어였어요. 일했던 회사가 두 곳이나 폐업하거나 합병되었고, 출판사를 운영하다가 문을 닫은 선배들을 지켜보기도 했고, 무엇보다 '나 같은 사람이 무슨 사업…'이라는 생각에 저는 정년까지 회사에서 책을 만들 거라고 공공연하게 말하고 다녔거든요. 그런데, 출판사 창업이라니. 내 인생은 어떻게 흘러가는 걸까, 하며 자신감이, 그냥 기분 자체가 바닥으로 떨어졌어요. '그럼 이직을 하면 되잖아?'라고도 생각해봤지만, 입사하고 싶은 회사가 없었어요. 기획하는 일은 계속하고 싶은데, 책을 만들고 싶은데. 제게 선택지는 하나였어요. 스스로 일할 곳을 만드는 것요.

영등포구청에 출판등록을 하러 간 날이 2023년 2월 7일. 오전에 무언가 마감을 하고, 제대로 씻지도 못한 채 오후 2시쯤

집을 나섰어요. 구청을 향해 한 발 한 발 내딛을 때마다 발이 더 무거워지는 듯했습니다. 아아, 못 걷겠어, 싶을 만큼. 아니, 걷기 싫어- 가기 싫어- 그런 마음이었어요.

출판등록은 말씀드린 것처럼 간단했어요. 구청 담당자님이 출판사 이름을 확인할 때, "터틀넥프레스"라고 말하는 게 가장 어려웠어요. 당시엔 제게도 정말 낯설고 어색한 이름이었거든요.

전혁림 미술관에서 본 전영근 작가의 〈편지〉라는 작품이에요. 이 그림을 보자마자 멤버님을 떠올렸습니다. 〈거북목편지〉를 펼쳐볼 때 이런 에너지를 느끼면 좋겠다, 고운 편지를 받았다고 느끼면 좋겠다, 하고요.

편지가 도착했습니다

신청서만 제출하면 당일에 바로 등록될 줄 알았는데, 며칠 뒤에나 완료된다는 안내를 받고는 조금 허탈해했던 게 기억나요. 그때까지 한 끼도 못 먹은 상태였고 허기까지 몰려와서 에잇, 밥이나 먹자~ 하고는 구청 주변을 둘러보았습니다. 오래된 구청 근처답게 설렁탕, 칼국수, 백반, 돈까스 등등 맛집이 많았는데요. 눈으로 쭈욱 훑다가 복국집을 택했어요. 복국집 이름이 '복먹고 복받고'였거든요.

그로부터 1년이 지났습니다. 정신없이 빠르게 지나가버렸다고 느꼈는데, 1년 전과 지금을 비교해보니 큰 변화가 많았어요. 무엇보다, 놀랍게도 책을 세 권이나 출간했습니다. 6월 말 『기획하는 일, 만드는 일』(장수연 지음), 12월 초 『오늘도 우리는 나선으로 걷는다』(한수희 지음), 『에디토리얼 씽킹』(최혜진 지음). 11월에는 제가 쓴 책 『첫 책 만드는 법』(유유출판사)도 출간되었어요.

터틀넥프레스의 작가님들 북토크가 일곱 번, 제 북토크가 세 번, 12월에는 서점 '책발소 광교'에서 브랜드 기획전도 진행했고요. 이렇게 적고 보니 더 크게 실감이 나요. "터틀넥프레스, 알고 보니 토끼설"이라고 지인이 말한 적 있는데, 음, 인정인정. 근데 느려서 못 한 일들이 너무 많아요. 하고 싶은 일도 많고요. 일단 2024년에 꼭 하고 싶었던 <거북목편지>를 시작했으니, 아직 2월이지만 충분히 뿌듯합니다. 계속 써나가는 게 더 중요하겠지만요. 멤버님이 편지를 읽어주시고, 또 답장도 해주셔서, 그 편지에 또 답장을 하고 싶어 오늘도 씁니다.

마지막으로 <거북목편지> 3호에 "멤버님은 어떤 사람이 되고 싶나요?"라는 질문에 보내주신 세 분의 답장을 공유합니다.

내가 입는 팬티 이야기를 전 국민에게 할 수 있는, 맥시팬티를 입은 마음 편한 사람요~^^ (미리미리)

이제는 어떤 사람이 되겠다는 생각 없어요. 이미 어떤 사람이 되어버렸고, 그 사람으로나마 제대로 살면 괜찮겠다고 여깁니다. (호떡)

어떤 사람이 되고 싶은지 틈틈이 고민하는 사람이 되어야겠다는 생각이 들어요. 거북목 우편함을 냅다 누르고 이 구글폼에 들어왔는데, 막상 첫 질문 앞에 하루를 흘려보니 비렸지 뭐에요. 그래도 그 시간 동안 계속 '어떤 사람이 되고 싶은 거지?', '어떤 사람이 되면 좋을까?' 생각하면서 내내 좋았어요. 앞으로도 이 질문을 계속 간직하며

되물어볼게요. (한소영)

어떤 사람이 되고 싶은지, 어떤 사람이 되면 좋을지 종종 떠올리며 한 주 보내시길요. 다음주에 한수희 작가님의 세 번째 에세이를 가지고 엉금엉금 돌아오겠습니다. 그럼, 다음주에 또 편지할게요.

2024년 2월 15일 희북이 드림

거북목편지   No.005

안녕하세요! 희북이입니다. 저는 지난 주말, 오랜만에 한수희 작가님을 만났어요. 오래 산책하고, 많이 먹고, 크게 웃으며 함께 시간을 보냈습니다. 작가님은 길눈이 밝고, 길도 잘 찾으세요. 그런 작가님을 쫄랑쫄랑 따라 걷는 시간을 좋아해요. 마치 산책의 맛있는 부분만 골라서 제 숟가락에 얹어주시는 것 같거든요.

오늘은 한수희 작가님의 연재 '생활과 생각'의 세 번째 에세이 <음미하는 삶>을 담아 보냅니다. 제목을 보다가 문득 궁금해져서 '음미하다'의 사전적 의미를 찾아봤어요.

음미하다

1. (사람이 사물의 내용이나 속뜻을) 깊이 새기거나 감상하다.
2. (사람이 음식이나 그 맛과 향을) 즐기며 맛보다.

출처: 고려대한국어사전

깊이 새기거나 감상하는 삶, 즐기며 맛보는 삶. 그런 삶을 떠올리니 어쩐지 여유롭고 풍요로운 느낌이 들더라고요. 지금만큼은 멤버님이 <음미하는 삶>을 음미할 수 있으면 좋겠어요.

오늘도 작가님의 글에는 굵은 글씨나 이미지 같은 건 없습니다. 5분간 온전히 글에 집중할 수 있도록요. 책 좋아하는 우리들만의 바다에서 자유롭게 헤엄친다고 생각하면서 함께 읽어봐요.

 by 한수희   **생활과 생각**

<음미하는 삶>

작년까지 매일 밤 술 한 잔씩을 마셔야 잘 수 있었다. 매일 술을 마시는 것은 주량과 상관없이 알코올중독이라고 했지만, 나 정도면 괜찮다고 생각했다. 취할 정도로 마시는 것도 아니고 독주를 마시는 것도 아니다. 그래봤자 맥주 한 캔이다. 일하는 중년 여성에게 매일 밤 맥주 한 캔 정도는 생활의 활력소라 할 수 있지 않겠는가. 하지만 문제는 술을 마시느냐, 안 마시느냐가 아니었다. 왜 내가 매일 밤 술을 마셔야만 하는 사람이 되어버렸는가, 였다. (중략) 매일 밤 술을 마시던 시절, 나의 낙은 은은하게 취한 채로 침대에 누워 일본 드라마 <와카코와 술>을 보는 것이었다. (…) 한 잔 술과 맛있는 안주에 눈꼬리

가 처진 채로 와카코는 '푸슈~' 하고 김 빠지는 소리를 낸다. 처음에는 그 만화적인 의성어에 질겁했는데, 점점 적응이 되기 시작했다. 이거야말로 술꾼이 첫 모금을 들이키는 순간의 기분을 정확하게 표현한 소리가 아니겠는가.

(여기까지만 공개할게요.)

▷ 추천 음악

이영훈, <오늘의 안녕>

자신의 소심하고 찌질한 면모를 자랑스러워하는 사람은 없다. 대신 나는 소심하고 찌질한 면모에도 당당한 사람이 좋다. 부끄러운 척하면서 은근히 자랑스러워하는 사람과는 다르다. (이런 사람은 음흉하다.) 이영훈의 노랫말은 소심하고 찌질한데 왠지 당당하다. 나도 이런 내가 마음에 안 들지만 뭐, 어쩔 수 없이 이렇게 태어나버렸으니 이렇게라도 잘 살아보겠습니다…의 느낌이랄까. 아무튼, 이 노래와 함께 하루를 마무리하면서 기분 좋은 슬픔에 젖어보시길 바랍니다. (한수희)

멤버님을 '푸슈~' 하게 해주는 존재나 방법이 있나요? 음… 저는 긴 하루를 마치고 집에 돌아와 라디오를 들을 때 푸슈~ 하게 됩니다. 특히 라디오로 <배철수의 음악캠프>를 들으며 저녁밥을 준비할 때면 '오늘 하루, 무사히 잘 마쳤구나' 스스로 기특해합니다.

멤버님은 어떻게 푸슈하시나요? 그런데요, 앞으로 '푸슈'라고 하면 우리 멤버들끼리는 알아들을 것 같아요. "멤버님들, 푸슈하셨어요?"처럼요. 그럼 오늘도 푸슈한 날 보내시기를요. 다음주 목요일에 또 편지할게요.

2024년 2월 22일 희북이 드림

거북목편지 　　No.006

　　터틀넥프레스는 따로 출판사 사무실이 없어요. 아파트의 거실이 터틀넥프레스의 사업장입니다. 세 권의 책은 모두 저희 집에서 만들어졌어요. 오늘(28일)은 집에서 일을 했는데요. 문밖에서 끌차 끄는 소리와 기척이 느껴지더라고요. 택배인가? 하던 차에 쿵쿵쿵 문 두드리는 소리가 났어요. 배송을 왔다고 하더라고요. 배송 올 것이 없는데? 나가보니… 세상에. 어마어마한 것이 도착해 있었습니다. 띠용.

　　약 160센티미터의 키, 풍성하고 반짝이는 초록 이파리, 혼자서는 들 수 없는 무게의 커다란 화분이 문 앞에 도착해 있었습니다. 너무 커서, 잠시 멍하니 보고 있었어요. 정신을 차려보니 '우진출판물류'에서 보내주신 축하 화분이었습니다. 우진출판물류는 책을 보관하고 서점 등으로 출고와 배송을 해주는 책 전문 물류센터예요. 터틀넥프레스의 모든 책도 이곳을 통해 세상으로 나가고 있고요. 뭐랄까, 책들의 공항 같은 곳이에요.

편지가 도착했습니다

작년 여름, 첫 책이 나올 무렵 U출판사 대표님의 소개로 이곳 대표님을 만났습니다. 엄청 떨렸어요. 우진 대표님이 창고 곳곳을 보여주시며 운영 방식을 말씀해주시다가, 창고 안쪽을 가리키며 말씀하시더라고요.

우진 대표님: 저 책들은 왜 저~기 멀리 높이 쌓여 있는지 아세요?
희북이: 으음, 왜…요?
우진 대표님: 주문이 자주 오지 않는 책들이에요. 그런 책들은 자연스럽게 입구와 멀어진 쪽에 놓일 수밖에 없어요.

희북이 : ……. (그 책들을 보며 깊은 시름에 빠짐. 말이 없어지고, 표정이 어두워짐.)

우진 대표님: 입구 근처에 놓일 책들을 만드세요! 그러면 됩니다!

1년간 우진출판물류 대표님의 도움을 많이 받았습니다. 어리바리 주문 입력을 잘못할 때마다 모두 수습해주시고, 작년 겨울 가장 추웠던 주말에는 모 서점에 책이 부족해서 발을 동동 구를 때 직접 창고에 나와 책도 배송해주시고, 모르는 게 많아서 자주 전화드려도 늘 "처음이니까 당연히 모르는 거죠"라고 답해주시는 감사한 분이에요. 한번은, 제작비가 치솟고 경기가 급격히 안 좋아지던 때 제가 앞으로 어떻게 해야 할지 모르겠다고 고민하니 이렇게 말씀해주셨어요.

"경기는 나쁘지만, 좋은 책 만드시면 이렇게 꾸준히 잘 나갈 겁니다. 걱정하지 마세요. 계속하시면 돼요."

그 말씀이 큰 힘이 되었어요. 계속하면 된다, 경기기 니뻐지는 건 내가 어찌할 수 없지만, 계속하는 건, 그건 내가 할 수 있는 일이니까.

엉금씨, 혹시 테이프 붙일 줄 알아요?
엉금씨가 테이프를 붙일 줄 알면 참
좋을 텐데요. 그저 귀엽기만 합니다.
귀여우니까, 네, 괜찮아요.

 지난주 터틀넥프레스 주요 업무는 '돌떡 배송'이었습니다. 지난 편지에 말씀드린 것처럼 출판등록을 한 지 1년을 맞아, 돌잔치는 못 하지만 감사한 분들께 돌떡이라도 나누고 싶었어요. 지난 1년간의 감사한 마음을 담아서요. 그리고, 또 한 가지 이유. 돌떡을 하는 이유가 건강, 복, 장수를 기원하는 거라는 네이버의 설명에 넘어갔습니다. 멀리는 못 가고 서울에서만 직접 배송을 했는데요. 배낭에 떡을 넣고 다니며 나눠드리느라 등에 담이 왔지만 기뻤습니다. 축하하고 기념할 수 있는 일이 있다는 것 말이에요.

 동료에게 돌떡 이야길 하니 웃으며 "그래서 터틀넥프레스는 돌잡이로 무얼 잡을 거예요?" 묻더라고요. 이렇게 답했어요. "으음, 터틀넥프레스는요. 실과 돈을 잡겠습니다(의지)."

우진출판물류 대표님도 돌떡을 받고 화분을 보내주신 거였어요. 제가 집에서 책을 만든다는 것도 아시는데, 일부러 큰 화분을 보내신 것 같더라고요. 저한테 종종 "어서 사무실도 얻으시고, 사옥도 지으시고 해야죠!" 하고 농담 같은 덕담을 건네곤 하셨거든요. 대표님께 전화를 걸어 이 화분 크기에 어울리는 사무실을 얻을 수 있도록 또 한 해 열심히 하겠습니다! 말씀드렸어요.

실은요. 멤버님께도 돌떡을 드리고 싶었어요. 돌잔치라도 하면 좋을 텐데, 아직 여력이 안 되어서요. 올해 안에는 오프라인에서 만날 수 있는 날을 꼭 만들어볼게요. 그때 와주실 거죠?!

터틀넥프레스의 심벌을 창조해주신
'스튜디오 고민' 실장님들도 뵈러 갔습니다.
예쁜 케이크를 선물해주셔서 함께 축하하고
냠냠 먹었어요. 촛불을 불기 전에 소원도
빌었습니다. '내년에도 기쁘게 축하할 수 있게
해주세요.'

편지가 도착했습니다

지난주 한수희 작가님의 에세이 <음미하는 삶>을 편지로 보내드렸어요. 일본 드라마 <와카코와 술>의 주인공 와카코가 술한 잔과 맛있는 안주에 '푸슈~' 하고 근심과 걱정, 혼란과 시름을 날려버리는 것을 보고 거북목 멤버님들만의 푸슈하는 방법이 궁금해 여쭤봤어요. 다양한 방법들을 이야기해주셨어요. 역시나 우리 멤버님들답게 책과 연관된 푸슈 비법들도 많았는데요.

저의 푸슈하는 법은 시집 읽기 같아요. 지치고 머릿속이 온갖 생각들로 어지러울 때 책상 앞에 앉아서 연필 한 자루 손에 쥐고 좋아하는 시집을 아주 천천히 읽다보면 그런 생각이 듭니다. 세상에 내 마음 알아주는 이 하나 없지만, 알아주는 시는 있구나. (임수민)

마음이 힘들 때는 서점에 가서 이것저것 꺼내어 보고 마음에 드는 책을 한 권 산다. 그리고 읽는다. 그렇게 책에서 나를 치유한다. 덕분에 와이프에게 매달 무슨 책을 그렇게 사느냐는 핀잔을 듣기도 하지만, 의미 없는 술보다는 훨씬 좋지 않은가! 이게 나의 푸슢(나는 푸슢이라고 발음한다. 이 발음을 할 때 "슢"에서 눈썹을 굉장히 일자로 모으고, 입술도 모으고 발음한다)이다. (김재영)

요즘은 하루 일과를 마치고 나서 노란 독서등을 켜고 이불 속에서

꼼지락꼼지락 책 읽다가 잠드는 게 좋아요. 책을 읽다보면 보들보들한 수면 양말 속의 발이 서서히 따끈해지고, 잠이 솔솔 와서 꿀잠을 잘 수 있어요. (다정)

다음주에는 한수희 작가님의 네 번째 에세이를 보내드릴게요. 겨울에서 봄으로 건너가는 시기, 함께 봄을 기다립니다. 연휴를 눈앞에 둔 목요일, 우리 멤버님들 '푸슈' 하며 하루 보내시길요!

2024년 2월 29일 희북이 드림

거북목편지   No.007

매년 3월 초면 같은 의문을 품고는 해요. '원래 3월이 추웠나?' 오늘도 조금 어리둥절하게 작년 이맘때도 추웠던가, 곰곰 생각했는데 기억나지 않더라고요.

오늘은 한수희 작가님의 연재 '생활과 생각'의 네 번째 에세이 <꿈과 현실의 동물원>을 담아 보냅니다. 지금까지 계속 그래왔듯 작가님의 글에는 이미지나 볼드 처리 등을 추가하지 않았습니다. 6분간 온전히 글에 집중할 수 있도록요. 마지막에 작가님의 추천곡을 넣어두었는데요. 글을 읽고 추천곡을 들으니, 자꾸만 기억으로 빠져들어요. 꼭 들어보시기를 추천합니다.

 by 한수희   **생활과 생각**

<꿈과 현실의 동물원>
아주 오래전에 나는 그 남자애에게 홍학을 보러 동물원에 가자고 했다. 한겨울이었다. 당연히 홍학은 없었다. 홍학은 더운 나라에서 왔

으니까. 우리는 실망했지만, 정말로 실망하지는 않았다. 사실 홍학은 핑계에 불과했다. 우리는 꼭 만나야 했다. 무슨 핑계를 대서라도. 그때 나는 만 스무 살이었다. 그 나이의 나는 뭐랄까, 지금의 나와는 다른 사람 같다. 그 시절에 느꼈던 감정들에 대해서는 정확히 기억하지만, 아직도 그 감정들은 심장이 서걱서걱 베이는 느낌이 들 정도로 생생하지만, 지금의 나로서는 그때의 나를 이해하기도, 받아들이기도 힘들다. 스무 살의 나를 거리에서 마주친다면 솔직히 말해서 좋은 말이 나올 것 같지 않다. 언젠가 작가 김영하가 젊은 시절의 자신을 지금 만난다면 절대로 그를 좋아할 수 없을 것 같다고 썼던 것이 기억나는데, 나 역시 마찬가지다. 나라면 젊은 나의 뒤통수를 후려칠 것이다. "야 이년아, 정신 차려!"

(여기까지만 공개할게요.)

▷ 추천 음악

Coldplay, <All I Can Think About Is You>

그 애와 저는 이런 류의 음악을 함께 들으면서 친해졌습니다. 물론 콜드플레이는 아니었고(그때는 아직 콜드플레이가 대성하기 전이었지요), 스매싱 펌킨스라든가 라디오헤드라든기 블리, 비브, 노 다웃 같은 밴드들이었을 거예요. 이 곡을 알게 된 건 의외로 얼마 되지 않았는데, 듣자마자 저를 아주 오래전의 어떤 장소로, 기억과 감정 속으로 데려가는 느낌이었습니다. 야심한 밤 맥주 한 잔 드시고 알딸딸한 기분으로 들어보시면, 순수하고 어리석고 그만큼 잔인했던 어린 시절로 잠깐 타임 워프를 하실 수 있을…지도 모릅니다. 치얼쓰. (한수희)

스무 살의 나를 거리에서 마주친다면 어떨 것 같아요? 상상해봤는데 온갖 감정이 들더라고요. 일단 저는 재빨리 숨어버릴 거예요. (널 만날 자신이 없다….) 그러고는 뒤를 몰래 따라가며 관찰할 것 같아요. 그 뒷모습을 상상하니 안쓰럽고, 답답하고, 애처롭고, 왜 저러나 싶기도 하고. 어휴, 어지럽네요.

일주일 잘 보내시고요. 다음주에 또 소식 나눌게요. 그땐 봄이 되었으려나요. 작년 14일은 어땠더라….

2024년 3월 7일 희북이 드림

거북목편지   No.008

멤버님께 쓴 편지를 모두 지웠어요. 기억하실지 모르겠어요. <거북목편지> 0호에서 멋있는 뉴스레터 아니고! 편지를 쓰듯 편히 막 써보겠다! 큰소리쳤는데, 편지를 보낼수록 점점 더 멤버님께 잘 보이고 싶고, 잘 쓰고 싶고, 그러니까 잘 안 써지는 거 있죠. 그래서 다 지워버렸어요. 그러곤 스스로에게 물었습니다. "처음에 <거북목편지>를 왜 쓰기로 했던 거지?"

바로 답이 떠올랐어요. 멤버님에게 터틀넥프레스가 책 만들고 살아가는 이야기를 더 자주 전하고 싶어서. 편지를 쓰고 싶어서. 이렇게 답하고 나니, 마음이 편해지더라고요. 그래서 처음부터 다시 생각해봤어요. 멤버들에게 나는 무슨 이야기를 하고 싶었을까. 일단, 지난주에 있었던 일들이 떠올랐어요.

영등포구 선유도서관에서 『에디토리얼 씽킹』을 쓴 최혜진 작가님의 강의가 있었어요. 50여 명의 다양한 독자분들과 만났는데요. 이날 강의에서는 일상에서 '에디토리얼 씽킹'을 훈련하는 방법들을 특별히 알려주셨어요. 그중 반응이 가장 뜨거웠던 방법 하나를 소개해드리자면… 바로 '아카이빙하는 법'이에요.

> "당시엔 해외 잡지, 광고, 단행본 등등 다양한 종류의 비주얼 작업을 보면서 좋다는 느낌을 받으면 스캔을 하고, 디지털 파일을 컴퓨터에 저장하면서 미래의 내가 어떤 순간에 이런 종류의 시안이 필요할지 메모를 붙여서 DB를 만들었다. (…) 데이터베이스화하는 작업을 거의 8~9년 차가 될 때까지 매달 꾸준히 했다. 그렇게 컴퓨터에 쌓인 이미지 데이터베이스가 2만 컷 이상이다."
>
> 최혜진, 『에디토리얼 씽킹』

책을 만들면서 이 부분을 읽고는 작가님께 따로 여쭤본 적이 있어요. 그 아카이빙은 폴더를 어떻게 만들고, 폴더명이나 하위 폴더는 어떻게 정리하셨는지를요. 저로 말할 것 같으면… 도토리 줍듯 이것저것 줍고는 있는데, 어떻게 정리해야 할지 몰라서 그냥 다 때려넣은 폴더와 노션, 메모장 등등을 가지고 있는, 그렇지만 'J가 되는 게 올해 목표'인 희북이입니다.

여튼, 작가님께 이미지 아카이빙 폴더 설명을 듣다가 또 다른 아카이빙도 하고 계시다는 걸 알게 되었는데요. 바로 '문장 아카이빙'이었어요. 읽은 책이나 아티클 등에서 기록해두고 싶은 문장을 모은 파일이 있다고 하시더라고요. 듣기만 해도 너무 궁금하지 않나요? 작가님의 아카이빙 파일이 어떻게 구성되어 있는지요. 그런데 그 실제 사진을, 이번 강의 때 보여주시는 거예요. 우와.

최혜진 작가님의 문장 아카이빙 파일에는 현재 30만 개의 단어가 담겨 있었어요. 분량은 무려 1,158장이나 되더라고요. 작가님은 글을 쓸 때, 아이디어가 필요할 때 문장 아카이빙 파일이 엄청나게 큰 도움을 준다고 말씀하셨어요.

예를 들어 이렇게요. 만일 '소풍'이라는 주제로 글을 써야 한다면, 이 아카이빙 파일에서 '소풍'을 검색해보신대요. 그러면 인문서의 소풍, 시집의 소풍, 자기계발서의 소풍, 예술서의 소풍 등 맥락이 다른 '소풍'과 관련된 문장이 검색되고, 거기에서 새로운 의미를 발견해 글로 쓰거나, 생각으로 발전시킨다 하시더라고요. 『에디토리얼 씽킹』을 읽은 분들에게 어쩜 이렇게 딱 맞는 인용문을 찾았냐는 질문을 받곤 하는데, 역시나 이 아카이빙 파일 덕분이었고요.

그럼 과연, 작가님은 어떻게 아카이빙하는가! 맨 뒷자리에서 찍은 사진이라 좀 흐릿한데요. 자세히 보시면 맨 위에는 [책 제목]이 적혀 있습니다. 그 밑으로 [페이지 넘버], 그리고 [밑줄 친 문장]이 정리되어 있어요. 페이지 넘버는 꼭 적어두라고 하시더라고요. 나중에 또 찾아볼 수도 있고, 출처를 밝힐 때도 쓰이니까요.

전자책일 때는 어떻게 하는지 질문한 분도 계셨는데요. 그때는 전자책 [플랫폼 이름](예.리디북스, 알라딘 등)을 추가해 적고, 페이지는 설정에 따라 달라지므로 'OOO쪽으로 했을 때 @@쪽' 같은 식으로 기록해두신대요. (예. 209/1000)

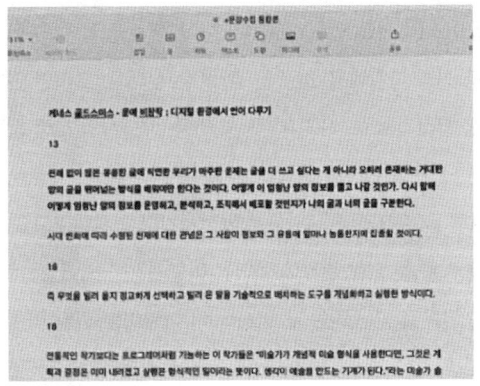

최혜진 작가님이 강의 중 보여주신 문장 아카이빙 파일.

사실, 기록하는 방법은 간단해요. 문제는, 지속해서 아카이빙하는 것인데요. 처음엔 이 아카이빙 파일이 힘도 약하고, 그다지 도움도 안 되는 것 같고, 그러다 보면 지속하기 어려워서 포기하고 싶어질 텐데, 그렇기 때문에 시간이 지날수록 더 힘이 생기는 거라고 강조하셨어요.

거북목 멤버님들도 책이든 아티클이든 많이 읽고 계실 텐데요. 읽고 기록하지 않으면 휘휘 휘발되잖아요. 저도 '읽었는데, 기억이 안 나네… 남은 게 없네…' 자주 그러거든요. 우리, 작가님처럼 아카이빙을 시작해보면 어떨까요? 뭐든 시작하기 좋아하는 저는 예상하셨듯이 바로 파일을 만들었습니다. 멤버님도 아카이빙 파일 만들어보는 거, 어떠세요?

멤버님께 하고 싶었던 이야기를 쓰다보니 굳었던 어깨가 풀렸어요. 그럼… 지난 2주간 있었던 일 중 한 가지 소식을 더 전하자면요. 터틀넥프레스의 네 번째 책이 될 초고가 완성되었습니다! 여름이 되기 전, 출간 소식을 전할 수 있을 것 같아요. 어떤 책인지는 차차, 서서히, 조금씩, 멤버님께만 말씀드릴게요.

2주 전, 터틀넥프레스의 돌맞이 편지에 많은 축하를 받았어요. "다음에는 꼭 생일잔치를 하자", "생일 선물을 주고 싶어 책을 두 권 샀다", "사옥 짓자!" 등등 힘이 나고 빙긋 웃게 되는 말씀들에 엄청 뭉클했어요. ㅠㅠ 그리고 또 꿈 하나를 만들었습니다. 꼭, 멤버님들이랑 모여서 생일잔치 해야지! 하고요. 느리더라도 꼭 장수 거북이가 되겠습니다.

다음주에는 한수희 작가님의 다섯 번째 에세이를 담아 편지할게요. 멤버님들을 위한 작은 이벤트를 한수희 작가님과 준비하고 있는데… 그건 다음주에 공개하기로! 빠르게 봄이 오고 있어요. 순간순간 누리시기를요. 봄은 너무 짧으니까요.

2024년 3월 14일 희북이 드림

거북목편지   No.009

혹시 드라마 <나의 아저씨> 보셨나요? 저는 두 번 정주행하고, 마땅히 보고 싶은 영상이 없을 때 좋아하는 회차를 버릇처럼 틀어놓고 맥주를 마시곤 했어요. 한수희 작가님을 따라 이 드라마를 촬영한 공간들을 찾아다니는 산책도 한 적이 있어요. 지안이네 집, 정희네, 지안이를 데려다주러 나선 어른들의 산책길 같은 곳들요. 거기에 가보니 마치 드라마 속 인물들이 살고 있을 것만 같은 기분이 들더라고요. 네… 많이 좋아했던 드라마예요.

오늘 편지에 담아 보내는 한수희 작가님의 연재 '생활과 생각' 다섯 번째 글은 드라마 <나의 아저씨> n차 시청기입니다. 총 두 편이에요. 이전에 보내드린 글보다 분량이 좀 긴데요. 8분간 집중하면 두 편 모두 읽으실 수 있을 거예요. 아니, 어쩌면 조금 더 오래 걸릴지도 모르겠어요. 저는 두 번째, 세 번째 읽을 때 더 느리게 읽게 되더라고요.

오늘도 작가님의 글에는 따로 강조 요소를 넣지 않았어요. 그리고 한수희 작가님이 추천해주신 곡은 라우페이의 <Dear

Soulmate>인데요. 이번 글은 이 곡까지 들어야 끝나는 것 같아요. 그만큼, 참 좋습니다. 꼭 들어보시기를요.

 by 한수희   **생활과 생각**

<나의 아저씨> n차 시청기 1 : 마음의 도청장치
나는 머리가 나쁘다. 머리가 나빠서 뻔한 생각밖에는 하지 못한다. 머리가 나빠서 뭐든 한 번 보고는 잘 이해하지 못한다. 머리가 나빠서 한 편의 영화를 여러 번 본 후에야, 가끔은 누군가 블로그에 쓴 영화평이라도 훔쳐보고 나서야 '아아, 그런 이야기였구나' 하고 알아차릴 때도 있다. 심지어 나는 산만하기까지 해서, 같은 드라마를 세 번째쯤 보다가 '앗, 저런 장면이 있었어?' 하고 놀라는 일도 태반이다.

(여기까지만 공개할게요.)

▷ 추천 음악
Laufey, <Dear Soulmate>
<나의 아저씨>라는 드라마 속에 그런 대사가 있었던 것 같다. 누구를 알면, 그 사람을 미워할 수 없게 된다는. 같은 드라마를 너무 많

이 봐서 그런지 나는 이 드라마 속에 나오는 사람들을 다 아는 것 같은 기분이 든다. 그들의 좋은 점과 나쁜 점, 희망과 절망, 선함과 악함, 약함과 강함까지 전부 다. 결국 나는 내가 아는 그 사람들의 삶에 축복이 있기를 빈다. 축복을 비는 마음으로 그런 노래를 골랐다. (한수희)

멤버님, 혹시 3월 30일 토요일 오전 11시에 시간 괜찮으세요? 연재글을 읽고 보내주신 답장을 작가님이 읽으시고는, 인스타 라이브로 사연들을 소개하자는 제안을 해주셨어요. 자세한 내용은 다음주 편지에서 공지할게요. 일단, 3월 30일 토요일 오전 11시, 작가님과의 첫 번째 라방 함께해주시면 좋겠어요. 다음주에 또 편지할게요.

2024년 3월 21일 희북이 드림

거북목편지　　　　　No.010

그사이 봄이 불쑥 찾아왔어요. 매년 그랬듯요. 그래서 오늘은 불쑥, 다짜고짜 공지부터 드립니다(?)

이번 주! 내일모레! 3월 30일 토요일 11시
한수희 작가님과 인스타 라이브를 합니다!
터틀넥프레스 인스타그램에서 듣고 볼 수 있어요.

한수희 작가님의 '생활과 생각' 연재마다 거북목 멤버들의 답장이 속속 도착했어요. 글 한 편을 보내준 분들도 계셨고요. 답장마다 담긴 정성과 마음이 감사해서, 사연들도 참 좋아서 소개하고 싶었어요. 그래서 라디오에서 사연을 소개하듯 멤버들의 답장을 함께 읽어보려고 합니다. 지금 바로 알람을 설정해두시면 잊지 않으실 거예요. 그날 꼭 만나요.

다음은 불쑥 다짜고짜, 터틀넥프레스의 기쁜 소식 모음입니다.

> **2023년 4월 12일 수요일**
> 드디어 사업자통장 만들었다!!!
> 비대면 30만원, 대면 100만원 이체 가능…ㅎㅎㅎ 헐

위는 처음 사업자 통장을 만든 작년 일기예요. 새 계좌 만드는 게 까다로워지면서 주거래 통장이 아니면 어쩌고… 실적이 없으면 저쩌고…. 그래서 처음 계좌를 개설했을 때 이체 한도가 앱을 통해서는 30만 원, 은행 창구에서는 100만 원이었어요. 때문에 각종 결제일마다 은행에 몇 번씩 들르는 것이 '일'이었습니다. 인세나 제작비 등을 할부처럼 며칠에 걸쳐서 드리는 것도 송구했고요. (어엿한 출판사이고 싶은데!) 뭐, 덕분에 창구 직원분이랑 친해지고, 은행이 덜 무서워진 건 뜻밖의 소득이었지만요.

그 후로 비대면 한도가 50만 원이 되고, 100만 원이 되고, 조금씩 늘었지만 여전히 은행 가는 게 일이었는데요. 드디어 어엿한 한도를 갖게 되었습니다. 엉엉엉…. '이체 한도 늘어난 게 그렇게 기쁜 일인가?' 하실 수도 있을 텐데요. 생각보다 많이 불편했거든요. 또, 실적 없는 곳이라는 이름표 같아서 떼고 싶기도 했고요. 어엿한 출판사로 엉금엉금 가고 있습니다. 느리더라도 괜찮아요. 좋아요.

두번째 다짜고짜 기쁜 소식! 『에디토리얼 씽킹』이 교보문고 예술 분야 종합 1위를 12주간 이어갔습니다. '종합'이라는 건 온라인과 오프라인 서점을 합계했다는 의미예요.

1인 출판사에서 출간한 책이 어떻게 이리도 오래 사랑받을 수 있었냐는 질문을 받곤 해요. 전략이 무엇인지 궁금해하는 분들도 계셨고요. 전략은… 없었고요. 책을 읽은 분들이 크고 작은 목소리로 소문내주시고, 또 소중한 분들에게 선물해주시기도 하면서 오래 사랑받을 수 있었던 거라고 생각해요. 앞으로도 터틀넥프레스를 응원하고 또 지켜주는 거북목 요원님, 잘 부탁드릴게요!

마지막으로 갑자기 뜬금없이 섬 이야기를 해보려고 해요. 얼마 전 부산에 있는 '나락서점'의 대표님과 통화를 했어요. <거북

목편지>를 응원해주셔서 "저 이번주 편지 써야 하는데, 벌써 소재가 고갈됐어요" 하고 웃으니 작은 이야기들을 들려달라 하시더라고요. 섬 여행이라든가(저, 정말 섬을 좋아합니다) 저의 짝과 궁궐에 간 이야기(짝이 궁궐 관련 콘텐츠를 만들고 프로그램도 진행하는 사람입니다) 등등 무엇이든 좋으니 터틀넥프레스의 TMI를 들려달라고요.

출판사 뉴스레터에서 섬? 굉장히 뜬금없어 보이지만, 그게 또 막 엄청 뜬금 없지는 않은 것이… 터틀넥프레스의 세계관을 만드는 데에 섬에 머문 경험이 크게 영향을 미쳤거든요. 저와 짝은 지난 15년간 서른여 개의 섬에 다녀왔어요. 어떤 섬에는 두세 번씩 가봤으니 횟수로 하면 더 많겠죠. 하루이틀을 머물며 스쳐간 섬도 있지만, 대체로 한 섬에서 적어도 일주일에서 열흘쯤 지내요. 1년에 한 번 섬에서 그런 시간을 보내는 게 저희를 돌보는 리추얼이 되었습니다. 멤버님은 일상에서 너덜거리게 된 나를 도닥여주고 회복하게 도와주는 공간이나 시간이 있나요? 제게는 섬이 그런 곳이에요. 회복하는 곳, 온전히 휴식하는 곳.

제가 3월부터 《출판문화》라는 출판 매거진에 에세이 편집자로서 연재를 시작했는데요. 첫 번째 글에 섬 여행의 효능에 대

편지가 도착했습니다

해 또 길게 쓰고 말았습니다. 좋아서요. 너무 좋아서요. 그 글의 일부를 공유합니다. 매거진에는 싣지 않은 사진과 함께 편집해 봤어요.

《출판문화》 3월호 <편집자의 시선> 연재 중에서

(중략)

주니어 편집자 시절, 번아웃과 공황장애를 호되게 앓았습니다. 더 잘하고 싶어서, 더 잘 만들고 싶어서 스스로를 다그치고 몰아세우다가 탈이 난 거예요. 병원에서의 처방은 누구나 예상할 만한 것들이었어요. 규칙적인 생활, 건강한 식사, 충분한 휴식. 적절한 운동, 카페인과 알콜 금지. 그리고 햇빛 아래에서 산책하기. 저는 마지막 처방이 마음에 들었어요. 당장 걷기 시작했습니다. 제법 효과가 좋았고, 그러자 또 욕심이 나버려서, 제대로 왕창 걸어보겠다고 결심하고는 도보여행을 떠났어요.

여행해보고 싶었던 남도에 가보자. 정해진 계획 없음. 목적지 없음. 돌아오고 싶을 때까지 걷고 떠돌기. 커다란 배낭을 메고 서울을 떠나 두 발로 100일쯤 걸었습니다. 그 여행 자체도 중요한 경험이었지만, 무엇보다 그때 섬 여행의 효능을 알게 되었지요.

섬 여행의 효능은 정말 많은데요. 그중 두 가지만 소개해드리자면 일

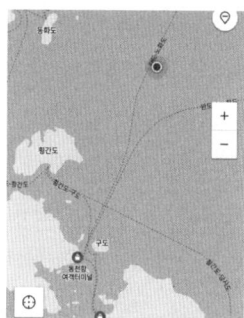
배에서 꼭 지도 앱을 켜봐요. 바다 위에 찍힌 점이 육지와 멀어지는 걸 보며 홀가분함을 눈으로도 느껴보는 거예요.

단 서울로부터, 책 만드는 일로부터 멀어졌다는 단절감. 그 덕분에 느껴지는 홀가분함이 첫 번째입니다. 바다를 '건너야만 하는' 섬에 있다는 것만으로도 거리감을 느끼게 되거든요. (그래서 다리로 연결된 섬이 아니라, 단 몇 분이라도 배를 타야 입도할 수 있는 섬에만 갑니다.) 물론 거리로 치면 지구 반대편 다른 나라가 더 멀겠지만, 그런 곳에 가면 또 인풋이니 새로운 경험이니 인사이트니 하면서 뽈뽈거리고 다닐 것이므로 걷거나 바다를 보며 멍 때리는 것 외에 별다른 일이 없는 섬에 저를 데려다놓는 거예요. 그런 시간이 확보되면 억지로라도 쉴 수밖에 없습니다.

두 번째는, 사실 이것이 섬 여행의 가장 강력한 효능인데요. 내가 우주의 먼지, 우주의 한 점도 되지 않는다는 걸 실감할 수 있다는 거예요. 섬에는 조금만 높이 올라가도 커다란 바다를 한눈에 담을 수 있는 곳이 많습니다. 바다를 보고 있으면 속이 뻥 뚫리고, 나라는 존재가 저 넓은 바다의 한 점도 안 된다는 걸 체감하게 돼요. 넓은 바다의 한 점도 안 되는 나, 이 우주에서는 그보다도 더 작은 점인 나, 티끌인 나, 그런 내가 하는 책 만드는 일은 얼마나 더 작고 작은가. 바다를 마주하면 결국 그런 생각에 이르게 됩니다. 그러면 서울에서 아등바등 질척질척 괴롭히던 일들이 티끌보다 작게 느껴져요.

꼭 높은 곳까지 올라가지 않더라도, 그곳에서 우연히 만난 주민분들과 이야기를 나누기만 해도 알 수 있어요. 섬에서 살아온 이야기를

섬에 있는 동안 보살펴주신 분들. 한 권의 책과 같았던 분들.

듣다보면 수많은 삶이 있다는 걸, 수많은 매일의 일상이 있다는 걸, 그렇게 빚어낸 다양한 삶의 모양들이 있다는 걸 절감하게 돼요. 책과 관련된 사람들에게 둘러싸여 마치 이 세계가 우주의 전부인 것처럼 여겼던 좁은 마음을 환기해줍니다. 책이 없어도 인생은 유유히 흐르고 별다른 문제가 없다는 것도 알게 되지요.

버스 정류장에 앉아 언제 올지 모르는 버스를 기다리며, 마당에 다시마를 널며, 밭에서 고구마를 캐며, 이른 아침 바닷가에 널려 있는 청각을 주우며, 정자에 벌렁 드러누워 있다가… 곳곳에서 만난 사람들의 이야기에 귀 기울입니다. 그러면 우리 생이 저마다 한 권의 책과 같다는 작가들의 말이 저절로 떠올라요. 그렇다보니 책을 꺼낼 일이 없지요. (물론 '이 이야기들을 묶어 책을 내면 좋겠다' 같은 어쩔 수 없는 생각이 비집고 들어오기는 합니다.)

이렇게 효과 좋은 섬 여행 처방 덕분에 저는 건강해졌습니다. 20년간 일할 수 있었던 비결이라는 게 있다면 매년 저를 섬에 데려다놓고, 큰 바다를 마주하고, 내가 우주의 티끌이라는 걸 깨닫고, 그곳이 아니라면 만날 수 없었던 이들에게 귀 기울이며 그들이 써온 책을 읽어왔던 덕분이라고 말할 수 있을 만큼요. (후략)

이렇게 섬, 그리고 바다는 인생에서 중요한 부분이 되었어요. 수많은 이름 후보 중 '터틀넥프레스'를 최종 결정한 것도, 슬로건이기도 한 "우리만의 바다에서 함께 자유롭게 헤엄쳐요"라는 문장도, 섬에서 바다를 바라보며 느꼈던 자유로움과 위안에서 온 것이고요. 터틀넥프레스의 책들이 멤버님에게 그런 곳이었음 좋겠어요. 아직은 좀 작은 바다이지만, 천천히 넓은 바다로 만들어 가볼게요. 그럼, 일주일간 우리만의 바다에서 자유롭게 헤엄치다가 다음주 목요일에 만나요!

2024년 3월 28일 희북이 드림

거북목편지 No.011

한 주 사이 완전히 봄이 되었어요. 바뀐 날씨에 맞춰 옷장에서 부랴부랴 봄옷들을 꺼내어 입는데, 알쏭달쏭하더라고요. '이 옷은 지금 좀 이르려나? 이 옷은 좀 더우려나? 그런데 이 상황, 매년 반복되는 거 같다?' 날씨에 맞는 적절한 옷을 고르느라 갸웃해하는 거, 특히 봄에 자주 그랬더라고요. 몇십 년간 맞이하는 봄인데 어쩜 아직도 잘 모를 수 있을까요? 그런데, 저만 그런 건 아니…죠?!

오늘 편지에 담아 보내는 한수희 작가님의 연재 '생활과 생각' 여섯 번째 글은 <모자를 잃어버렸다>입니다. 이번 글은 8분간만 집중력을 되찾아오면 읽으실 수 있을 거예요. 오늘도 작가님의 글에는 이미지나 글자 강조 등을 추가하지 않았습니다. 더불어 글의 마지막에 작가님의 추천곡을 연결해두었고요. 우리 함께 읽고 들어요

 by 한수희   생활과 생각

<모자를 잃어버렸다>

마음에 쏙 드는, 머리를 집어넣는 순간, 아니 머리 위에 덮어쓰는 순간 마음이 편안해지는, 세상 모든 것들로부터 보호받는 듯한 기분이 드는 그런 모자를 만나기란 쉬운 일이 아니다. 게다가 내 두상과 얼굴형에 어울리는 모자를 만나기란 기적과도 같다. 나는 두상이 크고 티베트의 산적처럼(티베트에도 산적이 있겠지…) 각이 진 얼굴형이기 때문이다. 그런 얼굴에는 웬만해서는 모자가 어울리지 않는다.

(여기까지만 공개할게요.)

▷ 추천 음악

옥상달빛, <자기소개>

옥상달빛의 팬입니다. 팬이라고 해서 공연장에 쫓아다니거나 하는 것은 아니지만, 그럼에도 옥상달빛의 노래와 옥상달빛의 세계를 언제나 좋아하고 응원합니다. 어젯밤에는 달리기를 하면서 무슨 노래를 들을까? 하다가 아, 옥상달빛의 새 앨범이 나왔었지! 하고 뒤늦게 들었습니다. <자기소개>라는 첫 노래를 듣자마자 아아, 했지요. 맞아, 이런 세계가 있는데, 이런 세계를 좋아했는데, 나 지금 무슨 생각을 하고 있는 거지? "작은 기쁨과 행복이 인생의 전부란 걸 알게 됐어요. 매일 매일을 그렇게 살아요. 즐겁게 우리 같이 나이 먹어요"라는 가사에 무거운 다리에 힘이 붙는 느낌이었습니다. 아, 몇 년 전에 MBC 라디오에 출연한 적이 있는데, 마침 제가 출연하는 프로그램 전의 진행자였던 옥상달빛을 만나 등 떠밀려 함께 사진을 찍게 됐습니다(아무리 좋아도 사진 안 찍는 나…). 퇴근하려다 겉옷까지 벗고 포즈를 취해 주신 옥상달빛, 너무 감사했습니다. 즐겁게 우리 같이 나이 먹어요. (한수희)

멤버님에게도 혹시 그런 물건이 있나요? 한때 너무나 소중했던 것인데, 갑자기 내 삶에서 '샥' 사라져버린 그런 물건. 우편함에 답장을 남겨주시면 다음주에 소개해드릴게요. 그럼 목요일에 또 편지할게요!

2024년 4월 4일 회북이 드림

거북목편지　　　　No.012

저 무에타이 체육관에 다녀왔어요. 네에, 바로 그 무에타이요. 친구가 2년 전부터 무에타이를 배우고 있어요. 작년에는 승급 시험까지 본 어엿한 무에타이인이랍니다. 그런 친구와 정말 오랜만에 만나기로 하고 약속 날짜를 정하던 중에, 마침 바로 다음 날 선약이 취소되었어요. 그래서 제가 당장 만나자고 했죠.

내일 당장 만날까? / 오, 내일 조타, 그럼 잠깐 무에타이? / 오 콜콜. 근데 발은 못 쓴다! / 원투원투 스텝은 됨? / 그건 할 수 있음! / 그럼, 내일 나랑 같이 체육관 갑시다! / 우와아 좋습니다!

호기롭게 콜콜!을 외쳤지만, 마음 한구석엔 두려움도 있었어요. 하지만 두려움보다 새로운 걸 배워보고 싶다는 호기심이 더 컸나봅니다. 다음 날 낯선 동네, 낯선 체육관에, 보고 싶은 친구를 찾아갔어요.

사실 제가 체육관에 등록하려고 간 게 아니라, 그저 경험해보고 싶어서 간 거였잖아요. 전날에 친구가 관장님께 친구랑 같이 와도 되냐 물었더니 흔쾌히 오케이! 하셨다 했지만, 그래도 실례가 아닌가… 하며 쭈뼛쭈뼛 체육관에 들어섰어요. 그런데 괜한 걱정이었어요. 기분 좋은 환대를 받았습니다. 과하지도 덜하지도 않은 아주 자연스러운 환대. 친구 말로는 관장님은 운동의 재미를 알려주는 걸 기뻐하는 분이라고 하더라고요. 정말이었어요. 제게도 운동의 재미와 마디마디 근육통이 공존하는 기쁨을 알려주셨거든요. 하하하하…. (지금도 아파요.)

실은 제가 얼마 전에 반깁스를 풀었던 터라, 무에타이는 무리. 그래서 기본적인 복싱 스텝과 펀치 자세를 배우기로 하고 수업을 시작했어요. 그런데… 원투원투 훅훅, 원투원투 훅훅 어퍼어퍼, 원투원투… 헉헉헉헉헉. 기억이 흐릿합니다.

평소 취한 적 없는 자세, 평소 쓰지 않던 몸의 곳곳들. 그걸 움직이기 위해 뇌도 평소에 해본 적 없던 지시 사항을 내릴 수밖에 없으니, 머리부터 발끝까지, 몸과 마음과 뇌까지 집중할 수밖에 없었어요. 배우는 내내 집중 또 집중하니 시간이 정말 빨리 가더라고요. 그리고 멤버님, 저요. 진짜진짜 재밌었어요. 말로는 다 표현 못할 만큼요.

편지가 도착했습니다

자칫 잘하는 것처럼 보일 수 있으나, 실제론 빙글거리는 샌드백 박자를 못 맞춰서 버벅거리는 중이었습니다.

틈틈이 친구는 어떻게 연습하나 봤는데, 와… 진짜 멋있더라고요. 막 훅훅 하며 스텝을 밟고, 펀치를 날리고, 퍽퍽퍽 발로 샌드백을 차고. 이 여자, 진짜 멋있잖아. 또 반해버렸어요. 그런데 저 '진짜'라는 표현을 대체 몇 번이나 쓴 거죠?!

그렇게 한 시간 동안 온전히 즐기며 배웠습니다. 째지는 기분으로 관장님과 사범님께 몸 만들어서(?) 다음에 또 오겠다고 90도로 인사드리고 체육관을 나서는데 다리가 후들후들 달달달. 계단을 못 내려가겠더라고요. 난간을 붙들고 겨우겨우 내려와 저희는 체육관 1층에 있는 고깃집으로 직행, 뒤풀이를 시작했습니다.

저에게 특별한 경험을 하게 해준 이 무에타이인 친구는 제주에 있는 '소심한책방'을 운영하는 공동대표 중 한 명이에요. 저희는 10년 전쯤 처음 만났는데요. 당시 제가 일하던 출판사와 소심한책방이 직거래를 하면서 알게 되었어요.

그 출판사는 직원이 대표님 포함 세 명인 소규모에다가 출간한 책도 몇 권 없는 신생 출판사였어요. 그런데 어느 날 이 친구가 제주 귤 한 박스를 들고 회사에 찾아온 거예요. 소심한책방과 거래해줘서 고맙다고요. 고마운 쪽은 저희였는데 도리어 감사를 받으니 그 마음이 더 깊어졌습니다. 그 후로 저는 이직에 이직, 그리고 독립까지 하게 되었고 친구는 묵묵하게 여전히 서점을 운영하고 있어요.

운동 후 마시는 맥주는 달콤했습니다. 고기를 구우며 그제야 밀린 이야기를 나눴어요. (만나자마자 운동부터 했으므로. ㅎㅎ) 동갑에다가 둘 다 자영업자인 저희의 요즘 생각과 고민은 비슷했습니다. 그중에서도 나이에 대한 이야기가 길게 이어졌어요. 지금의 우리 니이에 대해, 나이를 먹으며 일을 헤니기는 것에 대해, 또 우리 주변의 본받고 싶은 어른들과 반면교사 삼고픈 어른들의 차이에 대해.

나이 이야기로 시작했는데, 결국 닿은 결론은 이거였어요. '지금처럼 계속 배우고, 무엇이든 해보자.' 그게 우리가 원하는 모습으로 나이 들어가는 방법이자 계속 일할 수 있는 방법이 아닐까 싶었어요. 그리고 무엇보다 우리는 원래 새로운 일을 배우는 걸 좋아하는 사람들이니까. 그대로 자연스럽게 나이 들어가면 되는 것 아닌가, 하고요.

친구와 헤어지고 집으로 돌아오는 길, 터틀넥프레스를 준비하던 때가 생각났습니다. 출판사 이름도 없던 때, 앞으로 만들어가고 싶은 브랜드는 어떤 모습일지 고민한 끝에 손에 쥔 키워드

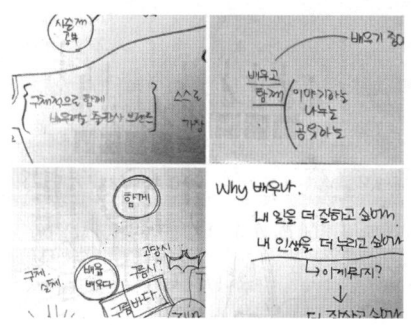

브랜드를 준비하던 때의 메모 원본들. "함께" "배우다"는 터틀넥프레스가 시작될 때부터 중요한 키워드였어요.

는 "함께" "배우다"였어요. 책을 통해서는 물론이고, 터틀넥프레스가 독자들과 함께 배울 수 있는 무언가를 만들 수 있으면 좋겠다는 막연한 꿈을 품었거든요. 그동안 정신없이 지내느라 미루고 있었는데 슬금슬금 현실로 만들고 싶다는 욕심이 생기더라고요. 복싱을 배운 후여서 더 그랬어요. 이렇게 대의 없이 순수하게 새로운 걸 배우고 경험하는 게 얼마나 설레고 기쁜 일인지 알아버렸거든요.

멤버님, 혹시 무언가 배우고 싶은 게 있나요? 작고 사소한 것도 좋아요. 거북목 교정이라든가, 글쓰기, 악필 고치기, 스킨케어, 시간 관리하는 법 등등, 어떤 것이든요. 멤버님이 배우고 싶은 걸 남겨주시면 시간이 좀 오래 걸리더라도 현실로 만들어가볼게요.

다음주 목요일에는 한수희 작가님의 마지막 에세이가 발송됩니다. 벌써 마지막이라니, 너무 아쉬워요. ㅠㅠ 봄의 한복판에 있는 요즘, 빠르게 지나가는 봄날 알뜰하게 누리시기를요. 다음주에 편지할게요!

2024년 4월 11일 희북이 드림

 거북목편지 No.013

세탁건조기를 멍하니 보다가 깜짝 놀랐어요. 건조기 다이얼에 <내마음>이라고 쓰여 있는 거예요. 합성섬유, 스포츠웨어, 란제리처럼 의류와 관련된 단어들 사이에서 '내마음'이라는 글자를 보니 기분이 묘하더라고요. 건조기한테 고백을 받은 것 같기도 하고, 다이얼을 '내마음'에 맞추면 건조기를 통해 다른 세상으로 연결될 것만 같고, 신기한 일이 벌어질 것만 같은! 너무 신기해서 호들갑을 떨며 짝에게 보여줬어요.

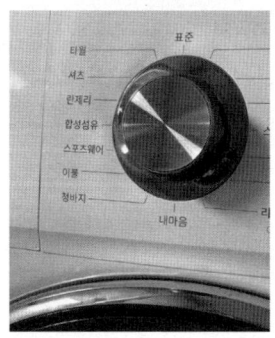

"이거 봐봐! '내마음' 코스래! 내마음! 너무 신기하지 않아?!"

건조기에 매달린 저를 심드렁하게 내려다보던 짝은 "그거 내 마음대로 설정하는 코스야. 건조기 산 지가 언젠데, 그걸 이제 본 거야?!" (빨래 담당은 남편입니다.) 뭐, 어쨌든 '개인설정 코스' 같은 말도 있는데 내 마음이라고 한 것 자체가 너무 귀여웠어요.

몇 년간 보지 못했던 건조기 다이얼이 눈에 띄었던 건, 오늘 편지에 담아 보내는 한수희 작가님의 연재 '생활과 생각' 일곱 번째 글 <전자레인지가 없는 집> 덕분입니다. 이번 글에는 생활 밀착 단어들이 많이 등장해요.

그리고, 한수희 작가님의 이번 글이 <거북목 편지> 시즌1의 마지막 글입니다. 사실 여섯 편 연재를 계획하고 시작했는데, 한 편을 더해 이번 글까지 총 일곱 편을 연재해주셨어요. 영원히 계속 읽고 싶은 작가님의 글인데 아쉬운 마음이 가득해서 제가 계속 "앵콜"을 외치고 있습니다. 작가님의 글에는 이미지나 글씨 강조 등을 추가하지 않았고요. 오늘도 글 마지막에 작가님이 추천 음악과 함께 시즌1 마무리 인사를 건네주셨으니, 끝까지 꼭 함께 읽어요.

 by 한수희   생활과 생각

<전자레인지가 없는 집>

우리 집에는 전자레인지가 없다. 전자레인지가 없다고 하면 다들 놀란다. 요즘 세상에 전자레인지 없는 집도 있나요? 네, 여기 있습니다….

(여기까지만 공개할게요.)

▷ 추천 음악

Jon Batiste, <What A Wonderful World>

이 음악을 언제 소개해야 할까, 내내 고민하다가 결국 마지막으로 소개합니다. 존 바티스트는 미국의 젊은 실력파 뮤지션입니다. 그에 대해 궁금하시다면 넷플릭스의 다큐멘터리 <아메리칸 심포니>를 참고해주세요. (재미있습니다.)

사실 저는 세상을 아름답게만 보지는 않습니다. (솔직히 세상을 아름답게만 보는 사람을 만나면 화가 납니다.) 그럼에도 저 역시 세상은 어쩌면 이렇게 아름답고 경이로운가! 하고 감탄하게 되는 순간을 자주 만납니다. 그리고 그런 순간들에 대해 쓰고 싶어지지요. 아마 대부분의 작가들이 그럴 거라고 생각해요. 우리는 각자의 그 순간들을 자기만의 방식으로 써 내려갑니다. 제 방식은 여러분이 방금 읽으신, 온갖 친근하고 익숙한, 그래서 별것 아닌 것 같아 보이는 것들로 가득한 세계를 그려내는 것입니다. 그간 제 별것 아닌 이야기들을 즐겁게 읽어주셨기를 바랍니다. 감사합니다. (한수희)

한수희 작가님의 첫 에세이를 보내드렸던 게 1월 25일, 겨울이었어요. 시간 너무 빠르죠? 우리가 함께 읽은 작가님의 글은 아래와 같았어요.

1월 25일	한수희의 인생
2월 8일	맥시팬티를 새로 샀다
2월 22일	음미하는 삶
3월 7일	꿈과 현실의 동물원
3월 21일	<나의 아저씨> n차 시청기
4월 4일	모자를 잃어버렸다
4월 18일	전자레인지가 없는 집

매번 글을 보내드린 후에 답장을 많이 받았어요. 작가님께 모두 전해드렸답니다. 무척 감사해하시고, 또 기뻐하셨어요. 전부 소개드리진 못했지만, 답장 보내주신 멤버님들 감사해요. 오늘도! 지난 3개월간 글을 써주신 작가님께 마음을 전하고 싶다면, 우편함으로 오셔서 답장 부탁드려요. 아아, 아쉽다…. 작가님 글 더 읽고 싶은데 아쉽다…. 그럼, 다음주 목요일에 또 편지할게요. 곧 또 소식 나눠요.

2024년 4월 18일 희북이 드림

거북목편지 No.014

작년 가을, 『오늘도 우리는 나선으로 걷는다』와 『에디토리얼 씽킹』을 동시에 만들면서, 알라딘 펀딩을 준비하면서, '책발전소 광교' 기획전을 준비하면서, 저의 책 『첫 책 만드는 법』 출간 행사까지 겹쳤던 때. 체력도, 마음의 힘도 모두 바닥날 것 같았던 그때, 카톡 하나를 받았습니다. 고객님의 항공 마일리지가 곧 소멸되니까 얼른 쓰라고요. 운명 같았던 카톡! 그러고는 얼마 후, 선배 부부도 마일리지를 소진해야 한다는 이야기를 듣고 먼 미래의 나를 위해 비행기 표를 끊었습니다. 그때만 해도 내년 봄 언제 오나, 했는데 어느새 그날이 오더라고요?!

후쿠오카 공항에서 차로 두 시간, 구마모토에서 한 시간쯤 산 속으로 들어간 료칸에 갔어요. 멍때리며 온천물에 몸을 담그고, 낮잠을 자고, 정성스러운 음식을 먹으며 시간을 보냈습니다. 내내 비가 와서 더 좋았어요.

탕에 앉아 계곡 물소리와 새소리를 들으며 흔들거리는 나무들을 질리도록 보곤 했어요. 그러다가 시간이 꽤 지난 것 같아 확

인해보면 몇 분이 채 안 지나 있는 거예요. 내 일상 시계가 너무 빠르게 흘렀구나 싶었어요. 며칠간 그 시계의 속도를 제자리로 돌려놓는 일을 하고 있는 것만 같았습니다. 물론, 서울에 돌아가면 또 스멀스멀 빨라져 또 허덕이겠지만요.

이렇게 푸우욱 쉬느라 편지를 길게 쓰지 못했습니다. 그리고 늦었습니다! 부디 이해를 부탁드려요. 그런데요, 그럼에도, 기쁜 소식을 가져왔습니다. 한수희 작가님의 에세이를 더 읽을 수 있게 되었어요!

★한수희 작가님 연재 연장 결정!★
거북목 멤버들의 강력한 앵콜 요청 덕분에 한수희 작가님이 연재 연장을 결정해주셨습니다! 지금처럼 2주에 한 번 작가님의 에세이를 소개해드릴게요. 앵콜을 힘껏 외쳐주신 멤버님들, 연장을 결심해주신 작가님, 감사합니다. 그럼 다음주에 또 편지드릴게요.

2024년 4월 25일 희북이 드림

🗨 <거북목편지>는 목요일 오전 5시 10분에 발송된다. 이 편지에서 밝힌 것처럼 이날은 여행 중 글을 쓰지 못해서, 정확히는 멍하니 보내느라 목요일 아침 부랴부랴 쓰고 7시 10분에야 발송을 했는데, 그사이 DM으로 오늘 편지를 받지 못했다는 문의들이 도착해 있었다. 편지를 기다리는 멤버들이 있다는 걸 실감했던 날이다.

오전 5시 10분에 보내는 특별한 이유는 없다. 이런 의식의 흐름. 홀수를 좋아한다. 오전 3시는 너무 빠르고, 7시는 일과가 시작된 느낌이 든다. 9시는 그냥 싫다.(출근시간) 오케이, 5시. 그런데 정각(예. 5시, 6시, 7시⋯)은 편지를 받는 입장에서 어쩐지 자연스럽지 않다. 제일 좋아하는 숫자는 11인데 레터를 보내는 플랫폼 '스티비'에는 10분 단위로만 예약 설정이 가능하다. 그러니까 11과 제일 가까운 10분으로 하자.

거북목편지   No.015

멤버님, 감사합니다. 한수희 작가님께 함께 큰 소리로 앵콜을 외쳐주셔서 감사해요. 긴 이야기 안 하겠습니다! 한수희 작가님의 글을 더 읽을 수 있어서 저도 너무너무너무너무 기쁩니다! 오늘도 작가님의 글에는 글 외의 다른 처리는 추가하지 않았고요. 글 마지막에 작가님이 추천해주신 음악도 걸어두었어요. 자, 그럼, 우리 집중력을 데려와보기로 해요.

 by 한수희   **생활과 생각**

<생활과 생각>

사실 이 에세이는 계획한 연재 분량을 모두 채웠다. 나의 연재는 지난 뉴스레터로 중단한 후, 다른 분의 에세이가 연재될 계획(혹은 거북희 사장의 개인적 소망)이었으나⋯ 인생은 역시 계획대로 안 되는 법이다. 그럼 뭐 저라도 괜찮으시다면 때워드리지요, 하고 몇 편 더 써보기로 했다.   (여기까지만 공개할게요.)

▷ 추천 음악

차이코프스키 교향곡 제5번

생각해봤습니다. 내가 꿈꾸는 아무것도 없는 방에 앉아서 창밖의 흔들리는 나무를 볼 때 어떤 음악을 듣고 싶을지. 그때 문득 떠오르는 음악이 차이코프스키의 교향곡 제5번이었습니다. 고전음악이라는 것을 듣게 된 지는 별로 오래되지 않았습니다. 지식은 거의 없다시피 합니다. 하지만 음악을 듣는 데 지식이 우선은 아니니까요. 제가 고전음악에 감동을 받는 이유는 아주 오래전에도 이렇게 아름다운 음악을 지었을 사람이 있었고, 이 음악을 연주하는 사람들이 있었으며, 이 음악에 감동을 받았을 사람들이 있었을 거라는 사실이 언제나 놀랍기 때문입니다. 그런 생각을 하면 외롭지 않아져요. 제가 인류의 일원이라는 사실이 기뻐질 정도입니다. 제가 가장 사랑하는 고전음악 작곡가는 차이코프스키인데요, 차이코프스키의 곡이라면 뭘 들어도 순식간에 가슴에 스며듭니다. 저와는 궁합이 잘 맞는 것 같아요.

이 곡은 전체 길이가 50분이 넘습니다. 다 듣기 힘든 분들은 2악장 Andante cantabile, con alcuna licenza만이라도 들어보시길 바랍니다. 15분 정도예요. 저는 교향곡과 오케스트라의 연주를 좋아하는데요, 오케스트라는 귀로 듣는 것만이 아니라 눈으로도 보는 것이라는 사실을 공연을 보러 다니면서 알았습니다. 제가 보는 공연이라고 해봤자 시립교향악단의 정기연주회나 아트센터의 기획 연주회라서 티켓값은 7천 원에서 비싸야 5만 원 정도입니다. 공연을 보기 시작하면서, 이렇게 적은 돈으로도 이렇게 좋은 공연장에서 이렇게 좋은 음악을 듣고 보는 호사를 누릴 수 있다니, 뭐랄까요, 이런 식이라면 돈이 많지 않아도 잘살 수 있겠다는 자신감이 조금은 생겼다고나 할까요. 마음만 부자인 것보다는 마음도 지갑도 부자인 것이 좋지요. 그런데 마음이 부자가 되면 지갑의 가벼움도 마음의 무게로 벌충할 수 있는 것 같습니다. (한수희)

저와 짝은 "우리는 추억 부자가 되자!" 하며 여행도 자주 하고, 다양한 경험들을 함께해왔는데요. 멤버님은 무슨 부자인가요? 에피소드 부자, 친구 부자, 할 일 부자, 그냥 부자(!) 등등, 어떤 부자인지 궁금해요. 그럼, 다음주 목요일에 또 편지할게요. 곧 또 소식 나눠요.

2024년 5월 1일 희북이 드림

NEWSLETTER

016-030
당신이라는 이야기 속으로

거북목편지 　　　No.016

"희북님, 바쁘시죠?"

자주 듣는 말입니다. 사실 바쁘다 바빠 현대사회에서 바쁘지 않은 사람이 있을까요. 그래서 질문을 받을 때면 면구스럽습니다. 앗, 나 너무 바쁜 척하고 지냈나 싶어서요. 오늘도 같은 질문을 받고는 문득, 나 바쁜가…? 스스로 물었어요. 그러다가 지난 열흘간 기본적인 일(원고 읽고, 작가님들과 소통하는 일)을 제외하고 무슨 일을 했는지 기억을 더듬더듬 떠올리며 기록해봤어요.

4/30(화) 땡스북스 입고

서점에서 주문이 들어오면 보통은 파주에 있는 물류 창고에서 택배나 운송 시스템을 통해 서점에 책을 보내드려요. 합정 '땡스북스'의 경우, 일정이 맞는다면 되도록 직접 입고를 하러 갑니다. 점장님과 매니저님과 인사 나누는 것도 좋고, 어떤 새로운 책이 나왔나 보기도 하고, 그리고 직접 입고할 때의 뿌듯함이 있어서요.

이번에 직접 입고하러 갔을 땐 『에디토리얼 씽킹』이 '땡스! 초이스'에 선정되어서 진열되는 순간을 함께했어요. 입고한 책이 바로 매대에 놓이는 걸 보면, 여전히 신기해요. 그리고 『에디토리얼 씽킹』의 한 구절을 떠올리게 됩니다.

> "책이 서점 매대에 있을 땐 '상품', 유통 창고에 있을 땐 '재고', 쓰레기장에 있을 땐 '종이류 쓰레기', 공공도서관에 있을 땐 '장서', 작가나 독자의 품에 있을 땐 '작품'으로 의미가 바뀌는 것처럼."
>
> 최혜진, 『에디토리얼 씽킹』

5/1(수) 거북목편지 15호 마감

친구가 이런 말을 한 적이 있어요. "평생 한수희 작가님 글만 읽으며 살 수 있을 것 같아." 정말요! 그래서 작가님의 연재가 영원히 계속되었으면 좋겠어요. <거북목편지>에 연장 연재를 결정한 후 한수희 작가님이 처음 보내주신 원고는 <생활과 생각>이었어요. 원고 교정을 마치고 발송 예약을 누르기 전, 최최종으로 읽는데… 갑자기 울컥하더라고요.

> "이렇게 나는 생활을 하고, 생각을 한다. 그리고 그런 이야기들을 글로 쓴다. 즐겁다. 무척 즐겁다. 아무래도 이렇게 살아갈 수 있는 것은 다 내가 운이 좋아서인 것 같다."
>
> 한수희, <생활과 생각>

저는 이렇게 바꿔 읽었어요. 아무래도 이렇게 책을 만들 수 있는 것은 다 내가 운이 좋아서인 것 같다, 즐겁다, 감사하다, 무척 감사하다.

5/2(목) 전주 출장 @장수연, 최혜진 작가님

터틀넥프레스 최초로 서울을 떠나 전주 '잘 익은 언어들'에서 북토크가 있었어요. 『기획하는 일, 만드는 일』의 장수연 피디님, 『에디토리얼 씽킹』의 최혜진 작가님. 무려 두 분이 함께하는 북토크요! 저와 장수연 피디님은 점심 무렵 먼저 전주에 도착해서 전동성당, 경기전, 영화의 거리까지 빠르게 둘러보았어요.

경기전에서의 장수연 피디님.
전주 곳곳을 걷는 동안 작은 풍경도
지나치지 않고 감탄하며 웃는 피디님을
보는 게 참 좋았어요.

그리고 늦은 오후에는 최혜진 작가님까지 도착해 완전체가 되어 저녁을 먹으러 갔는데요. 팥칼국수 전문점이었는데 팥물은 물론, 서비스로 주신 콩물까지…. 너무 맛있어서 저희 세 사람 모두 먹는 내내 "세상에, 미쳤다, 세상에" 하고 얼마나 감탄했는지 몰라요. 이렇게 기록으로 남겨두고 싶을 만큼 맛있었어요. (궁금하시면 연락 주세요.)

북토크를 준비하며 '북토크 야마(『에디토리얼 씽킹』을 읽으셨다면 아시죠?)'를 어떻게 잡을지 고민하다가, 평소에도 서로 궁금한 게 많은 두 분에게 딱히 '묻다'를 콘셉트로 잡았어요. <전주원정대>라는 단톡방을 만들고 거기에서 서로 궁금한 것들을 주고받으셨는데요. 이미 대화창에서부터 즐거워하시는 두 분! 사실 저는 이때부터 전주에서의 시간은 분명 좋을 수밖에 없다 예감했습니다.

장수연, 최혜진 작가님 두 분은 원래도 알고 지내는 수다 메이트셨어요. 장수연 피디님께 저를 추천하고, 소개해주신 분이 최혜진 작가님이었고요. 이런 인연들로 엮인 세 사람이 함께하는 첫 번째 자리여서 더 특별했어요.

'잘 익은 언어들' 서점의 분위기, 유쾌한 서점 대표님의 소개, 귀 기울이고 집중해주시는 눈빛들, 고개를 끄덕이고 무언가를 적는 움직임, 보이지 않지만 전해지던 마음들. 어우, 그런데요. 너무 좋으면 잘 설명이 안 되잖아요. 후기 쓰는 게 참 어렵더라고요. 가난한 저의 언어를 탓하게 됩니다.

돌아오는 길, 작가님들 모두 너무 좋았다, 시간이 어떻게 갔는지 모르겠다를 반복하며 꿈같은 시간을 추억했습니다. 저는 전주에서의 시간 덕분에 서울을 벗어나 거북목 멤버님들을 만날 수 있는 기회를 더 많이 만들고 싶다는 소망을 품게 되었어요.

북토크 시작하며 갑자기 포토 타임. 사진 찍으시는 독자님들이 너무 환하게 웃으셔서 따라 웃었다는.

5/3(금) J작가님 미팅

올해 하반기 출간 예정인 책을 쓰고 있는 J작가님을 만났어요. 이 작가님은 20여 년간 같은 판형, 같은 디자인의 양지 다이어리를 매년 쓰고 계신데요. 이날도 4월간 어떻게 지냈는지 이야기하시면서 다이어리를 얼핏 보여주셨는데, 엄청난 기록들이었어요. 지난 10년간의 이야길 쓰고 있는 작가님인 터라 다이어리가 더 특별하게 보였습니다.

5/6(월) 장부 대조, 계산서 발행의 날

매달 초, 이맘때면 숫자와 보내는 시간이 늘어납니다. 지난달의 거래를 정산하는 시기거든요. 이때 서점들과 장부를 대조하고, 계산서 발행까지 마치면 그제야 지난달을 끝낸 기분이에요. 원천세를 내고 간이영수증 발행하는 일도 이때 한 번에 합니다. 이날은 대체공휴일이었는데, 종일 일했어요. 다 마치고 나니 어느새 저녁 시간이었는데, 그래도 기분은 좋았어요. 터틀넥프레스가 매달, 계속 걸어가고 있다는 게 느껴져서요.

5/7(화) 다음 책 파일교정 2차 완료

'파일교정'이란, 말 그대로 문서 파일 상태에서 원고를 수정하거나 교정·교열하는 것을 말해요. 출판 프로세스에서 꼭 등장

당신이라는 이야기 속으로

하는 용어인데요. 'PC교', '컴교'라고 부르기도 해요.

편집자마다 스타일은 다릅니다만, 저의 경우 파일교정에 힘을 많이 쓰는 편이에요. 종이 교정지(본문 디자인이 결정되고 → 그 위에 원고를 부어서 실제 책처럼 만들어보는 것)로 만들기 전에 최대한 수정해서 완성도를 높이면 후반 작업을 더욱더 디테일하게 할 수 있거든요. 그래서 파일교정 단계를 중요하게 보고 작업하고 있어요. (물론 이렇게 수정하고 교정해도, 종이 교정지에서 또 고치고 고칩니다.)

지금 만들고 있는 네 번째 책의 원고도 마찬가지입니다.

1) 작가님의 초고(초벌 원고)가 들어왔고

2) 제가 파일교정을 보며 수정 제안을 드렸고

3) 작가님이 원고 전체를 살펴보며 수정하셨고

4) 제가 다시 한 번 파일교정을 보며 또 여쭤고 제안드릴 것을 정리했어요.

이제 진짜 마지막으로 원고를 처음부터 끝까지 수정과 교정하면, 파일교정은 끝납니다. 그러면 손에 잡히는 종이 교정지를 만들 차례. 종이 교정지가 처음 나오는 날, 그 기분은 다음 편지에서 소개할 수 있겠죠?

지금까지 1인 출판사를 운영하며 책을 만드는 저의 열흘간의 일들을 기록해봤어요. 멤버님, 어떠셨어요? 예상하셨던 출판사의 일상이었나요? 출판사, 하면 어떤 이미지를 떠올리실지도 궁금해요.

오늘 편지는 여기서 마칠게요. 우리 앞으로 또 일주일 동안 잘 보내고, 다음주 목요일에 편지 나눠요. 일주일은 또 빠르게 가겠죠?!

2024년 5월 9일 희북이 드림

💬 이때 언급했던 '다음 책'은 장은교 작가님의 『인터뷰하는 법』이었다.

거북목편지　　　　　No.017

걷고 있으면 "아름다운 계절이다"라고 저도 모르게 말하고 있는 5월입니다. 멤버님, 산책 자주 하면서 지내고 계세요? 한수희 작가님의 새로운 에세이를 마음 담아 전달합니다. 오늘도 작가님의 글에는 이미지나 볼드 처리 등을 추가하지 않았어요. 허리를 펴고, 목도 쭈욱 펴고, 함께 읽어요. :)

 by 한수희　　　　**생활과 생각**

<대파는 좋고 마늘은 싫어>

나는 대파를 좋아한다. 대파를 얼마나 좋아하는지, 일주일에 두 단을 사도 모자랄 정도다. 미역국을 제외한 거의 모든 음식에 대파를 넣는다. (점성이 강한 미역과 대파는 같이 넣으면 안 됩니다, 여러분.) 대파의 산뜻한 단맛이 좋다. 헐렁한 요리에 푸릇푸릇한 긴장감을 주는 대파 토핑을 사랑한다.

(여기까지만 공개할게요.)

▷ 추천 음악

Johnny Cash, <Hurt>

대파와 마을 이야기에 이 음악이 과연 어울리는가, 싶기도 했지만, 이 이야기는 사실상 저의 참회록이기도 하므로 저에게는 참회의 느낌이 드는 조니 캐시의 <Hurt>를 골랐습니다. 사실 이 노래를 듣고 가장 놀란 것은 조니 캐시가 아직 살아 있다는 사실이었어요. 살아서 이렇게 후배 뮤지션의 노래를 리메이크도 하다니, 이거야말로 진정한 노익장이 아닌가…. 아무튼 저에게는 후회되는 일들과 부끄러운 일들이 아주 많습니다. 그런 일들을 떠올릴 때마다 그런 일을 벌인 내가 나라는 사실에 깜짝 놀라곤 해요. 그러고 나면 '이 세상 누구도 욕할 수 없다, 사실상 내가 가장 쓰레기가 아닌가!' 하는 마음으로 살아가고 있습니다. 지난번에 피곤하게 사는 것도 나쁘지 않다고 썼었는데, 수치심을 잃지 않고 사는 것에도 나름의 장점이 있답니다. 아, 이제 후회할 일, 부끄러운 일들은 그만 만들어야 할 텐데….

(한수희)

오늘 글을 읽고 저는 지난 주말 가족 모임을 떠올렸습니다. 점점 더 체력이 약해지는 부모님의 모습, 어머니가 늘 해주시던 취나물볶음이 유난히 너무 짜서 당황했던 일, 힘들게 만드신 떡을 자식들에게 모두 나눠주시고는 정작 어머니 것은 너댓 개만 남겨두고 너네들 다 먹으라며 손사래치시던 순간들. 그리워할 감사한 순간, 그리워할 맛들. 멤버님도 언젠가 그리워할 맛이 있나요? 잊지 않고 싶은 맛요.

2024년 5월 15일 희북이 드림

거북목편지　　No.018

"쉬엄쉬엄해야지. 그러다가 당신 자신한테 따라잡히겠어."

클레어 키건, 『이처럼 사소한 것들』

저 자신한테 따라잡힐 것 같을 땐 자주 바다를 떠올립니다. 섬 어딘가의 언덕, 혹은 산 위에서 내려다보는 큰 바다를요. 지난주부터 사진첩을 열어 바다 사진을 보는 횟수가 잦아졌어요. 사진을 바라볼 땐, 시선을 사진에만 고정하고(적어도 10~15초 이상) 프레임 바깥의 바다를 떠올립니다. 그럴 때 바닷바람이나 짠 바다 냄새를 떠올리는 게 큰 도움이 돼요. 그리고 크게 숨을 들이마십니다. 그러면 시간이 조금씩 느려져요.

멤버님께 첫 편지를 보내면서 말씀드린 적 있잖아요. 바빠지면 엽서 한 장 보내는 날도 있을 거라고요. 정말 그날이 왔어요. 오늘, 첫 엽서를 보냅니다. 요즘 제가 자주 바라보던 바다를 담아서요. 한번 따라해보실래요?

1. 사진 속 바다만 10초간 바라본다.
2. 프레임 바깥으로 펼쳐져 있을 바다를 상상한다.
3. 뻥 뚫린 바다를 마주하고 크게 숨을 들이마신다.

그럼, 다음주에 또 편지할게요.

2024년 5월 23일 희북이 드림

거북목편지 　　No.019

마감을 앞두거나, 무언가 끝내야 하는 일이 있을 때 그런 생각 자주 하잖아요. 마감만 끝나면, 이것만 끝내면.

저도 그랬어요. 작년 11월 『오늘도 우리는 나선으로 걷는다』를 마감할 무렵 한수희 작가님과 메시지를 주고받으며 약속한 게 있어요. 마감이 끝나면! 휴일 아침 일찍 만나서! 맛있는 라떼를 마시고! 따릉이를 신나게 타고! 고깃집에서 (반주와 함께) 점심을 먹고 헤어집시다!

그러나 책이 겨울에 출간되었고, 봄이 되어도 눈앞의 일을 해내느라 놀기를 미루던 어느 날, 날씨가 너무 아깝다는 한탄을 하다가 하루하루 아껴야겠다는 다짐을 작가님과 나누며 약속을 잡았습니다. 지난주, 드디어 '휴일 아침 라떼-따릉이-(고기 대신) 빈대떡 코스'로 너무 늦었지만 마감 버킷리스트를 이뤘습니다. 이 이야기는 다음주 <거북목편지>에서….

당신이라는 이야기 속으로

따릉이 타고 달리는 한수희 작가님의 뒷모습. 길치, 방향치인 저는 작가님 뒷모습만 보며 달렸습니다.

아쉬운 소식이 있어요. 오늘 보내드리는 열 번째 글을 마지막으로 한수희 작가님의 '생활과 생각' 연재는 진짜 마무리합니다. ㅠㅠ 1월 25일에 첫 글을 보내드린 후 넉 달간 작가님의 글을 나누며 행복했습니다. 연재는 마무리하지만, 터틀넥프레스와 새 책을 준비하고 계시니 곧 다시 만날 거예요. <거북목편지>를 통해 작가님 소식도 계속 전할게요.

한수희 작가님의 마지막 글에도 이미지나 볼드 처리 등을 추가하지 않았어요. 글 마지막에 작가님이 추천해주신 음악도 링크를 걸어두었습니다. 마지막 인사도 전해주셨으니, 꼭 함께 읽어요. 흑.

 by 한수희　　　　　생활과 생각

<미인은 골격>

얼마 전 동네 카페에 갔다가 대단한 미인을 보았다. 시선이 닿은 순간 전기에 감전이라도 된 듯 '앗, 이게 뭐지?' 하고 멍해졌다가, 잠시 시간이 흐른 후에야 '아 미인이다…' 하고 깨닫게 되는 미인이었다. 지금까지 살아오면서 연예인을 근거리에서 본 적도 있고, 거리를 지나다 예쁘고 늘씬한 여자들을 지나친 적도 부지기수다. 하지만 그 정도의 미인은 처음이었다. 저렇게 대단한 미인이 이런 누추한 동네까지 웬일일까 황송할 정도였다.

(여기까지만 공개할게요.)

▷ 추천 음악

페퍼톤스, <행운을 빌어요>

오늘은 들을 때마다 늘 즐거운, 저의 최애 밴드 '페퍼톤스'의 노래 <행운을 빌어요>를 골랐습니다.

이것에 대해 쓰려고 했는데 갑자기 저것이 생각나고 그러다보면 그것이 결론이 되어버리는, 그런 글을 쓰는 것을 좋아합니다. 사실 그러고 싶어 그러는 것은 아니고, 산만하기 짝이 없는 성격 때문에 자연스럽게 그렇게 되어버립니다. 그럴 때면 계획도 없이 충동적으로 떠나는 여행길에서처럼 신이 나서 어깨가 들썩들썩합니다.

나이가 오십에 가까워 오면 자기 자신과 화해할 수 있을 줄 알았습니다. 그러나 저는 여전히 그러질 못했습니다. 무엇보다 '왜 나는 미인으로 태어나지 못했는가…'라는 문제로 종종 괴로워하고 있어요. '이제 와서 미인이 되어봤자 대체 무엇이 달라지는가?' 하고 생각해보면, 아무래도 골치 아픈 일들만 늘어날 것 같아요. 술집에서 개드립이나 치고 침이나 질질 흘리면서 주접을 떨고 싶었는데, 옆 테이블의 불콰하게 취한 배 나온 아저씨가 갑자기 첫사랑을 닮았네 어쩌네 하며 수작을 건다거나… 어우 역시 미인은 피곤한 것입니다.

여자도 아니고 남자도 아니고 미인도 아니고 야수도 아니고 늙은 것도 아니고 젊은 것도 아니고 어른도 아니고 아이도 아니고 사람도 아니고 금수도 아닌 이런 상태를 헷갈려하며, 그러나 대개는 즐기면서 저는 살아가고 있습니다. 이번이 진짜 마지막입니다. 다시 만날 때까지 우리 보란 듯이 즐거웁시다. Good luck. See you again. (한수희)

"저는 언제나 밝은 슬픔에 대해 쓰고 있답니다."

<거북목편지> 1호 한수희 작가님 글에서

밝고 힘찬 페퍼톤스의 노래를 들으며 작가님의 글을 교정보다가 울컥했어요. 우리가 함께했던 한 시기가, 좋았던 시기가 지나갔구나, 하고요.

"차근차근 사는 것, 시간과 함께 천천히 걷는 것, 지금 그리고 여기에 존재하는 것."

한수희, <미인은 골격>

멤버님께 편지를 쓰는 지금, 이 시간. 우리가 편지를 나누는 2024년의 5월. 우리 차근차근 시간과 함께 걸어가요.

2024년 5월 30일 희북이 드림

거북목편지 No.020

갑자기, 봄나절쯤 동해시 묵호에 다녀왔습니다. 묵호에는 11년 전쯤? 머물렀던 게 마지막인 것 같아요. 그때 저는 책 만드는 게 힘들다고 탈출판했다가 다시 돌아와 유유와 책을 만들던 시기였고, 저희 짝은 작가가 되겠다는 꿈을 갖고 여러 시행착오를 겪으며 글을 쓰고 있었어요. (이 무렵엔 울릉도 관련책을 쓰고 있었어요)
묵호에서는 울릉도로 가는 배를 탈 수 있어요. 저희는 서울에서 늦은 기차를 타고 묵호까지 와서 첫 배로 울릉도에 들어가도 했습니다. 그러다가 배가 뜨지 못하는 날은 예정에 없던 묵호에서의 하루를 보내기도 하고요. 다음날, 또, 다음날에도 배가 못 뜨는 때도 있었는데요. 그럴 때면 마음 저 깊이에서 어두운 생각들이 스멀스멀 피어오르곤 했어요. 잔잔하게 우리는 왜 여기에 이러고 있지..? 우리 인생은 어디로 흘러가나... 우리, 잘 살고 있는 걸까?

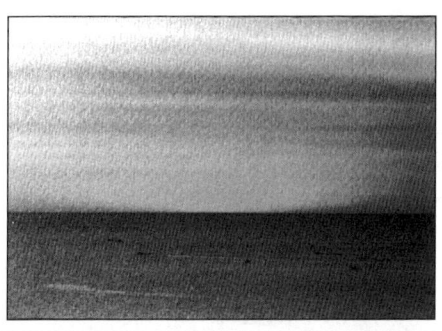

갑자기 반나절쯤 동해시 묵호에 다녀왔습니다. 묵호에는 11년 전쯤 머물렀던 게 마지막인 것 같아요. 그때 저는 책 만드는 게 힘들다고 '탈출판'했다가 다시 돌아와 우왕좌왕 책을 만들던 시기였고, 저희 짝은 작가가 되겠다는 꿈을 갖고 여러 시행착오를 겪으며 글을 쓰고 있었어요. (이 무렵엔 울릉도 관련 책을 쓰고 있었어요.)

묵호에서는 울릉도로 가는 배를 탈 수 있어요. 저희는 서울에서 늦은 기차를 타고 묵호까지 와서 첫 배로 울릉도에 들어가곤 했습니다. 그러다가 배가 뜨지 못하는 날은 예정에 없던 묵호에서의 하루를 보내기도 하고요. 다음 날, 또 다음 날에도 배가 못 뜨는 때도 있었는데요. 그럴 때면 마음 저~기에서 어두운 생각들이 스멀스멀 피어오르곤 했어요. 우리는 왜 여기에 이러고 있지? 우리 인생은 어디로 흘러가나.

그리고 오늘, 짝과 묵호의 익숙한 곳곳을 걸었는데 그때의 우리가 눈앞에 그려졌어요. 여전히 인생은 바다 날씨만큼 예측이 안 되고, 어디로 흘러가는지 모르겠고(세상에, 내가 출판사를 하다니!) 제대로 잘 살고 있다고 선뜻 말하기 어렵지만, 그래도 그럼에도 11년이라는 시간을 살아내고 무사히 건너왔다고 말할 수 있었어요. 그게, 대견했습니다.

오늘로부터 11년 후, 우리는 또 어떤 시간을 통과해 어디에 도착해 있을까요. 전혀 상상할 수 없지만 오늘의 내가 향하고 싶은 곳, 닿고 싶은 모습을 향해 조금씩 매일 움직이면 그 언저리에는 도착하지 않을까요. 혹여 완전히 다른 곳에 도착했더라도 또 어떤가 싶어요. 그게 그때의 우리 모습일 테니까요. 멤버님! 우리 하루하루 잘 쌓다가 또 다음주에 소식 나누어요. 잘 지내기요!

2024년 6월 5일 희북이 드림

거북목편지   No.021

한수희 작가님의 연재를 마치며 내심 걱정했습니다. 작가님의 글이 너무너무 좋았잖아요. 그래서 "<거북목편지>에는 이제 읽고 싶은 글이 없네요. 그럼, 이만" 하고 멤버님이 수신 거부 버튼을 누르시면 어쩌지… 하고요. 그런데요, 단 한 분도 떠나지 않으셨어요. 그리고 이런 답장을 받았습니다.

"여러 뉴스레터 가운데 터틀넥프레스의 뉴스레터를 손꼽아 기다립니다. 클릭 안 하고 그냥 넘어가는 때가 없지요. 한수희 작가님의 에세이도 에세이지만 희북이 님의 터틀넥프레스 이야기가 얼마나 생생하고 마음이 가는지 몰라요. 고민하고 꾸리고 발로 뛰어 펼쳐나가는 순간순간을 잘 나눠주셔서 고맙습니다. (…) 다른 구독자분들도 정성스러운 피드백을 주시리라 믿어요. 저도 틈을 내어 표현해봅니다. 잘 읽고 있다고, 당신의 글을 한 자 한 자 곱씹다가 코끝이 찡해지는 독자가 있다고요." (기린언니님)

저도 코끝이 찡해졌습니다. 잘 읽고 있다는 말, 한 자 한 자

곱씹는다는 말, 독자가 있다는 말이 얼마나 크게 다가왔는지 몰라요. 그래서 용기를 얻었습니다. 이렇게 읽고 계신 분들이 있다는 걸 철썩같이 믿고 계속 써나가기로요.

이 편지를 읽고 있는 멤버님, 귀 기울여주셔서 감사해요. 그리고 연재를 통해 읽는 행복감을 느끼게 해주신 한수희 작가님께 다시 한번 감사드려요. 편지에 매주 답장해주신 분들께도 깊이 감사드립니다.

지난번 엽서에서 말씀드렸듯 오늘은 '앞으로의 <거북목편지> 어떻게 나아갈 것인가'에 대해 이야기해보려고 해요. 실은 여름부터 J 작가님의 연재를 고려하고 있었어요. 그런데 작가님 사정으로 올해는 어렵게 되었습니다. 당장은 어렵지만, J 작가님의 글은 꼭 소개하고 싶어요. 올해 안에는 연재하실 수 있도록 준비해볼게요. 그래서, 그러면, <거북목편지>는 이제 앞으로 어떻게 진행하려고 하냐면요.

- 지금처럼 매주 '목'요일 메일함에서 만날 수 있습니다.
- 한 주는 희북이가 손글씨로 쓴 엽서, 한 주는 편지를 번갈아 보내드리려고 해요. 터틀넥프레스의 더 시시콜콜한 이야기를 담아보

겠습니다.

- 거북목 멤버님들이 보내주시는 답장을 공유하며 마음과 생각을 나누려고 해요.

그리고 부탁드리고 싶은 것이 있어요. 우리의 <거북목편지>에서 '희북이가 이런 이야기를 좀 해주면 좋겠다' 싶은 게 있을까요? 읽지 않은 뉴스레터들이 늘 쌓이는 메일함 속에서도 '이런 이야기가 담긴 편지라면 읽어보고 싶을 것 같다!' 그런 것요. 짧게라도 남겨주시면 앞으로 편지 드릴 때, 자주 떠올릴게요.

다음주 편지에서는 멤버님께만 우주 최초로 터틀넥프레스의 네 번째 책 이야기를 들려드릴게요! 살짝 스포를 하자면 6월 마지막주, 서점에서 만날 수 있습니다. 그럼, 다음주에도 또 편지할게요. 오늘도 귀 기울여주셔서 고맙습니다.

2024년 6월 13일 희북이 드림

💬 이 편지의 제목은 "멤버님이 수신 거부할 줄 알았어요"였다. 제목 때문에 편지를 최초로 재발송하는 에피소드가 생겼는데, 아래는 재발송한 편지 내용이다.

멤버님, 혹시 지난주 목요일에 <거북목편지>를 받으셨나요? 편지를 보내고 며칠간 이상했어요. 평소보다 편지를 못 받았다는 멤버들의 연락이 많이 왔거든요. 게다가 편지 발송 성공률은 평소와 비슷한데(98.9%) 오픈율이 너무너무 낮은 거예요. 우리 거북목 멤버님들, 많이 바쁘신가. 지금은 딱 야외 활동하기 좋은 계절이니 메일함보단 산책이지. 그런데, 그래도, 너무 안 열어보시는데 좀 이상하네. 그런 생각을 하던 차에 인스타그램에 편지를 못 받은 분이 계신지 묻는 글을 올렸는데, 세상에. 너무 많은 분이 못 받으셨고, 스팸메일함에서 구출했다는 제보가 댓글로 달렸고, 그 댓글을 보고 또 많은 분이 스팸메일함에서 편지를 찾으셨다는 이야기에 깜짝 놀랐습니다.

왜 갑자기 스팸메일함이지? 했는데, 아마도, 편지의 제목 때문인 것 같아요. "멤버님이 수신 거부하실 줄 알았어요"라고 썼거든요. 어그로 끌려는 의도는 전혀 아니었고, 멤버님을 만나면 맨 처음 하고 싶었던 말이라 그렇게 썼을 뿐인데, 아마도 스팸 키워드에 걸렸나봐요. 스팸메일함에 쓸쓸히 섞여 있었다는 것도, '수신 거부'라는 키워드가 있으면 스팸이 된다는 것도, 모두 멤버님들이 알려주신 덕분에 알 수 있었어요. 정말 감사해요.

스팸메일함에서도 편지를 찾지 못한 거북목 멤버님들을 위해, <거북목편지> 최초로 재발송을 하게 되었습니다. 이미 받은 멤버님이시라면, 번거롭게 해서 죄송해요. 그래도 덕분에(?) 우리 한 번 더 소식을 나눌 수 있게 되었으니까. 우리들만의 에피소드가 하나 또 생겼다고 여겨주시기를요. 편지를 못 받은 멤버님이시라면, 기다리게 해서 죄송해요. ㅠㅠ 하나씩 계속 배워나가는 터틀넥프레스가 될게요. 그럼, 또 편지할게요!

2024년 6월 18일 놀란 희북이 드림

거북목편지 No.022

<거북목편지> 21호가 스팸메일함으로 퐁당 빠져버린 사건을 가만히 되짚어봤어요. 우선, 감사했어요. 수많은 뉴스레터 중 하나가 도착하지 않았을 뿐인데, 일부러 찾아보고 또 제게 따로 이메일과 디엠까지 보내주신 마음들, 너무 감사해요.

당신이라는 이야기 속으로

그리고 또 기뻤어요. 이번 일로 멤버님들이랑 소통할 기회가 많았거든요. 그 과정이 참 좋았어요. 그래서 우리가 이렇게 서로 이야기를 주고받을 수 있는 본격적인 방법이 있을까 궁리도 해봤어요. 21호에 보내주신 아이디어들과 궁리의 결과를 다음주에 의논드릴게요! 신납니다아아.

마지막으로 터틀넥프레스의 초초초 중요 일정이 있습니다. 네 번째 책이 곧 출간돼요. 이번주에 드디어 마감합니다! 작년 겨울 이후 참 오랜만입니다. 더 설레고, 또 긴장돼요. 예고드린 것처럼 네 번째 작가님이 누군지는 오늘 <거북목편지> 멤버에게만 최초 공개합니다. 누구시냐면요. 『우리가 명함이 없지 일을 안 했냐』(줄여서 '우명함')를 공저하고, 『오늘도 당신이 궁금합니다』(줄여서 '오당궁')를 쓴 장은교 작가님의 새 책입니다!

『우명함』은 노인세대 여성의 삶을 '일'의 관점에서 기록한 인터뷰집이었고, 『오당궁』은 작가님이 17년간 저널리스트로 살아오며 만난 사람들의 이야기를 담은 산문집이었어요. 이번 새 책에서는 특히 우리 거북목 멤버들이 "오옷?! 이거 궁금했어!" 할 만한 이야기를 담아주셨습니다. 과연, 어떤 책일까요?

새 책 이야기와 작업 과정 등은 다음주부터 멤버님께만 소근소근 들려드릴게요. 일단, 마감을 무사히 잘 마치고 돌아올게요! 오늘도 귀 기울여주셔서 감사해요.

2024년 6월 20일 희북이 드림

거북목편지　　No.023

　　여름, 좋아하세요? 제 주변에는 여름이면 살아나는 '여름 인간'들이 꽤 있는데요. 신기할 정도예요. 여름이 되면 피부가 밝아지고, 컨디션이 좋아지고, 팔랑팔랑 뛰어다니는 여름 인간들 틈에서 저는 땀을 뻘뻘 흘리는 '가을 인간'입니다.

　　더위를 많이 타는 저는 여름이 힘들어서, 회사에 다닐 때도 여름에는 얌전히 사무실에만 있었는데요. 그런 제가, 매년 여름에 책을 출간하고 있습니다(=책이 잔뜩 담긴 배낭을 메고 영업을 다녀야 한다는 이야기).

　　이번주 월요일에는 파주에 있는 인쇄소에 다녀왔어요. 지난주 편지에서 말씀드렸던 새 책을 인쇄하는 날이었거든요. 이번 책은 파란색인데요. 제가 보기엔 맑은 바다색 같아요. 남해나 서해 쪽보다는 동해의 바다색! 울릉도에서 보았던 바다 빛깔 같았어요. 책은 다음주에 출간되는데요. 서점에 입고되면 <거북목편지> 멤버들에게 맨 처음 알려드릴게요.

인쇄소의 잉크들입니다. 저 잉크가 종이에 찍혀 이야기가 되고, 그림이 되고, 책이 돼요.

혹시 멤버님은 라디오 들으세요? 저는 어릴 때부터 라디오를 좋아했어요. 요즘도 외출 준비를 할 때나 저녁밥 준비를 할 때, 그리고 뭔가 쓸쓸할 때(?) 라디오를 들어요. 라디오가 좋은 이유는 정말 여러 가지인데요. 그중에서도 손에 꼽는 것은 전혀 모르는 우리가 연결되어 있다고 느끼게 해줘서예요.

바로 지금, 같은 DJ의 목소리에 귀 기울이고, 같은 노래를 들으며, 같은 시간을 공유하고 있다는 것만으로 어쩐지 연결된 것 같은 느낌이 들잖아요. 모르는 사람의 사연인데도 귀가 쫑긋해서 듣고는 공감하거나, 마음속으로 댓글을 달거나, 또 적극적인 누군가는 방송국으로 사연을 보내거나 하면서 같은 시간을 나눠 가지는 게 좋더라고요.

당신이라는 이야기 속으로

2주 전 편지에서 멤버님께 여쭤봤잖아요. 앞으로 <거북목편지>에서 어떤 이야기를 듣고 싶으신지를요. 많은 멤버님들이 다른 거북목 멤버들의 이야기를 궁금해하시더라고요. 목요일 아침에 <거북목편지>를 읽고 있는, 나처럼 책을 좋아해서 거북목이 된 다른 멤버들은 어떤 사람인지, 이런저런 질문에 어떻게 생각하는지 궁금하다고요. 그래서! <거북목편지> 속 코너를 하나 만들어보았습니다. 바로바로 '거북목라디오'입니다.

<거북목편지>를 함께 읽고 있는 멤버들과 나누고 싶은 이야기를 보내주세요! 혹은 "OOO에 대해 어떻게 생각하세요?"와 같은 질문, "OOO하는 방법/노하우 공유해주실 수 있나요?" 같은 요청 등을 보내주시면, 사연 소개와 함께 멤버들이 보내주신 답장을 라디오처럼 소개해드릴게요.

- 음성으로 읽는 라디오가 아닙니다.
- <거북목편지>에서 글로 소개해드립니다.

오늘은 예시로, 지난주에 도착한 두 분의 사연을 소개해드릴게요.

(제제님이 보내주신 사연입니다.)

희북님은 영화 <인사이드아웃2> 보셨나요? 저는 오늘 보고 왔는데, 주인공 '라일리'가 사춘기를 맞이하면서 기존 감정에 새로운 감정이 추가되는 것이 흥미로웠어요(불안, 따분, 부럽, 당황). 그동안 머리로만 알고, 자연스레 터득했던 감정의 탄생을 생생하게 보게 된 것 같아요. 그리고 어쩌면 마냥 부정적으로만 생각했던 감정들 또한 내가 성장해가면서 꼭 느껴야 하는 감정인 것을 깨닫게 되었어요. 어떤 한 가지 감정만이 나를 다스릴 수 있는 게 아니라, 모든 감정이 상황에 맞게 적절하게 어우러져야 함을요. 사춘기를 겪으며 라일리에게 나타나는 감정의 소용돌이를 통해 저를 돌아볼 수 있었던 것 같고, 느낀 것은 더 많지만 너무 길어질 것 같아서ㅎㅎ 2편을 보고 나니 1편을 다시 봐야겠다는 생각이 듭니다. 이렇게 짧게라도 적을 수 있어 행복했습니다. 좋은 밤 되세요!

희북이: 저도 드디어 오늘 <인사이드 아웃2>를 보았습니다! 제제님이 말씀하신 것처럼 모든 감정이 중요하다는 것을, 지금의 나를 만든 건 좋은 기억뿐 아니라 부끄럽고 나에게 실망스럽고 우울한 기억들도 있다는 것을 다시 한 번 깨닫고 왔어요. 그 시간들을 잘 건너온 저 자신에게 칭찬도 해줬어요. '고생했다!' 하고요. 멤버님은 <인사이드 아웃>에서 어떤 감정 캐릭터를 제일 좋아하세요? 저는 애쓰는

기쁨이와 새 멤버 당황이!

(김백수님이 보내주신 사연입니다.)

다가오는 장마와 더위를 대처하는 자세에 대해 이야기를 듣고 싶어요. 뉴스에서 입 모아 하는 이야기가 "올해는 특히 더 덥고, 특히 더 많은 비가 예상된다"예요.

컨트롤할 수 없는 날씨 소식을 접할 때면 이 더위를, 이 장마를 잘 맞이하고 보내기 위해 레인부츠를 사거나 에어컨을 정비하거나 하거든요. 소소한 이야기지만, 계절을 맞이하는 우리들의 자세에 대해 이야기를 나누면 좋을 것 같아요.

희북이: 앞에서 말씀드린 것처럼 여름이 힘든 저는, 올해 여름 준비로 '캐리어 백팩'을 고르고 있습니다. 작년 여름에 『기획하는 일, 만드는 일』을 가방에 열 권쯤 들고 다니며 매일 외근을 다니다가 무릎이 안 좋아졌거든요(뚜벅이입니다). 올해는 여행 기분도 내고, 도구를 잘 활용해 영업을 다니려고요.

멤버님은 어떻게 여름 준비를 하고 계신가요? 여름 휴가라든가, 옷 정리라든가 등등 멤버님의 이야기도 궁금해요. :)

"우리에겐 큰 목소리도 작은 목소리도 필요합니다.
우리에겐 큰 이야기도 작은 이야기도 필요합니다."

장은교, 『인터뷰하는 법』

곧 출간될 책에서 좋아하는 구절을 가져왔어요. 작은 목소리, 작은 이야기에도 귀 기울여주셔서 고맙습니다. 다음주에 또 편지할게요!

2024년 6월 27일 희북이 드림

💬 '거북목라디오'는 지금까지도 이어지고 있는 장수 코너. 도착하는 사연을 읽다보면 정말 라디오처럼, 편지를 읽는 우리들이 연결되어 있다고 느낀다. 이 코너를 읽으려고 뉴스레터를 꼭 본다는 멤버들도 많다.

거북목편지　　No.024

　　일주일간 잘 지내셨어요? 저는 지난주 인쇄소에 감리를 다녀온 후, 새 책이 완성되기를 기다리고 있었습니다. 회사에 소속해 책을 만들 땐 마케팅 활동은 마케터가 담당하기 때문에 마감 후에는 조금 홀가분한 기분으로 보냈거든요.

　　그런데, 1인 출판사의 유일한 편집자이자 마케터가 되고 나니, 책이 만들어지기를 기다리는 시간 동안 홀가분함보다는 부담감이 커지더라고요. 작가님의 오랜 시간과 경험이 담긴 책인데 내가 잘 알릴 수 있을까, 더 알리려면 어떻게 해야 할까, 고민하면서요. 그러면서 다른 출판사들의 홍보 활동을 찾아봤어요.

　　'아아, 저 책은 서점에서 엄청 크게 광고도 하네.
　　저 출판사는 인스타그램에 광고비를 엄청 쓴다던데.
　　저기는 신간 소개를 쇼츠 영상으로도 만들었네.
　　와아, 저런 사은품도 주는구나. 행사 엄청 크게 하네.'

　　점점 더 작아지는 마음. 초조함. 조급함. 불행으로 가는 가장 빠른 방법이 '비교'라던데, 어느새 제가 그러고 있더라고요. 그때 요즘 읽던 책에서 이런 문장을 만났습니다.

> "자기가 페달을 밟는 만큼만 앞으로 가는 것.
> 그거면 충분하죠. 아니, 그게 전부라고 생각해요."
> 미시마 쿠니히로, 『재미난 일을 하면 어떻게든 굴러간다』

18년간 작은 출판사를 운영해온 대표님이 쓴 책인데요. (팬입니다.) 작은 조직을 운영하는 일, 그 재미를 자전거 페달을 밟는 것에 비유하시더라고요. 그제야 제 마음을 똑바로 볼 수 있었어요. 저는 자전거를 타고 있는데, 큰 도로에서 달리는 자동차들과 같은 속도로 달리려고 버둥댔더라고요. 어쩌면 더 빨리 달리고 싶어했는지도 몰라요. 심지어 엉금엉금 거북이 터틀넥프레스인데요.

자전거 페달을 밟으면 앞으로 나아가는 순간의 그 감각. 그때 살랑 불어오는 바람. 자동차보다는 느리지만, 느린 덕분에 주변을 더 가까이 바라볼 수 있는 사전거. 게다가 자전거는 좁은 골목길에서도 자유롭게 움직일 수 있잖아요. 뿌옇던 눈과 마음이 맑아졌습니다.

당신이라는 이야기 속으로

새 책은 멤버님께 가장 먼저 소개하고 싶어요. 내일 아침에 새 책 소식을 담은 편지를 우편함에 살짝 넣어두겠습니다. 자전거 페달을 찬찬히 밟고 올게요.

2024년 7월 4일 희북이 드림

거북목편지　　　　No.025

　　오늘은 진짜 편지 쓰듯 줄줄줄 이야기를 해보려고 해요. (쓰고 보니, 늘 그랬던 것 같기도 하네요.ㅎㅎ) 지금은 밤 10시 30분이고요. 영화 <퍼펙트 데이즈> ost 플레이리스트를 들으며 멤버님께 편지를 씁니다. 아, 음악 같이 들으실래요? 우연히 찾은 플리인데, 요즘에 일하며 자주 들었어요.

　　책을 만들며 인간이 만든 '책'이라는 물건이 참 신기하다 생각하곤 했어요. 습도만 높아도 우그러들고, 물에 젖으면 돌이킬 수 없고, 불에 잘 타고, 쉽게 찢어지고…. 그런 연약한 것에 인간은 한 국가의 역사를 담고, 인생을 담고, 자기가 알고 있고 가지고 있는 가장 좋은 것들을 담아왔잖아요. 심지어 우주의 비밀까지도요.

　　그래서 책이 더 매력적이라고 생각했어요. 연약한 것에 담긴 대단한 것들! 그런데 조금은 낭만적으로 여겨왔던 것들이 이번 장마에는 현실로 화악 다가왔습니다.

당신이라는 이야기 속으로

『인터뷰하는 법』이 제본을 마친 날, 검수를 위해 파주 제본소에 가야 했어요. 비가 왕창 쏟아지던 날이었습니다. 제본소에 도착할 무렵 도로에서 1톤 트럭 뒤를 따라가게 되었는데요. 그 트럭은 종이를 가득 싣고 있었어요. 비닐로 꽁꽁 포장했지만, 으아아 따라가는 동안 제가 불안했어요. 남의 일 같지 않더라고요. 우리 책도 저렇게 비를 맞은 건 아닌지. 책이 서점에서 멤버님께 배송될 때도 비에 젖으면 어쩌지. 책은 어쩜 이리 연약한가…!

근데요. 딴 얘기인데, 신기하게도 비가 오면 책 판매가 떨어져요. 저희만 그런 줄 알았는데, 1인 출판을 하는 선배들에게 물으니 다들 그렇대요. 왜 그럴까 곰곰 생각해봤어요. 책이 배송될 때 젖을까 봐? 배송해주시는 분이 힘들까 봐? 멤버님 생각은 어때요?

지난주 <거북목편지>를 보내고 오늘까지 정신없이 보냈어요. 책이 출간되면 새로운 시간이 시작되거든요. 만드는 시간을 지나, 알리는 시간. 이제 세상 곳곳으로 책이 여행을 떠날 수 있도록 열심히 알리는 일을 해야 해요.

운전면허도 없고, 1인 출판사 대표이자 편집자이자 마케터인 저는 거북이 등껍질 같은 백팩에 책을 넣고 서점들을 돌아다 닙니다. 백팩 캐리어를 찾아보고 있다고 지난번에 말씀드렸었잖 아요. 아직 마음에 드는 걸 발견하지 못했어요. ㅠㅠ 추천해주 실 만한 것이 있다면 부디 <거북목편지> 우편함에 메모를 남겨 주세요.

거북목 멤버님들이 책 만드는 이야기를 좀 더 TMI로 듣고 싶 다는 의견들을 많이 주셨어요. 책 만드는 과정은 복잡하기도 하 고, 여러 사람이 협업하며 소통할 일도 많고, 그래서 이야기를 쓰 자면 무궁무진하거든요. 그런데 이런 이야기를 편지에 써도 괜찮

등껍질 백팩. 그리고 저 장바구니 인에는 『인터뷰하는 법』 60여 권이 담겨 있습니다. 요즘 표지와 같은 색 옷을 자주 입고 있습니다. 사진은 장은교 작가님이 찍어주신 것.

당신이라는 이야기 속으로

은 걸까? 재미없을 것 같은데, 싶어서 체에 거르고 걸러 편지에 담곤 했는데요. 오늘부터 한동안(=이야기가 마를 때까지) 『인터뷰하는 법』을 만들고 알리는 과정에서 일어난 일들을 한 장면씩 골라 시시콜콜 써볼게요. 이름하여 '시시콜콜 한 장면'입니다. (뭐든 이름 붙이기 좋아하는 사람….) 오늘은 장은교 작가님을 '처음 만난 날'을 한 장면으로 꼽았습니다.

시시콜콜 한 장면

<#장면1. 처음 만난 날, 작가님을 울렸다>

편집자라는 직업의 흥미로운 점 중 하나는 '명함만 있으면 세상 누구와도 만날 수 있다'는 걸 거예요. 책에 담을 이야기를 가진 사람이라면, 누구든 찾아가 만나자고 청할 수 있으니까요. (물론 거절당하는 경우도 많습니다.)

『우리가 명함이 없지 일을 안 했냐』라는 프로젝트가 신문에 연재되던 때부터 많이 궁금했어요. 이걸 기획하고 인터뷰하는 분들은 어떤 사람들일까. 꼭 만나보고 싶었어요. 그런데 당시 그 프로젝트팀의 팀장이었던 장은교 기자님을 잘 아는 분이 말씀하시길, 저희가(장은교&희북이) 닮은 면이 많다는 거예요. 만나면 거울을 보는 듯할 거라면서요. 점점 더 궁금해졌어요.

이후에 기자님이 회사를 그만두고 프리워커가 되었다는 소식을 들었습니다. 뵙자고 청했어요. 공덕동의 포멜로빈에서였습니다. (커피가 엄청 맛있는 곳입니다.)

작가님을 처음 만나기로 한 날 아침, 평소보다 조금 여유롭게 집을 나섰습니다. 약속 시간에 우당탕거리는 P이지만, 그날은 너무 뵙고 싶었던 분을 만나는 날이니까. 긴장되니까. 마음을 조금 느긋하게 누르며 가자 싶어서요. 일찍 나온 나 자신이 기특해서 지하철까지 걷는 동안 어깨가 으쓱으쓱하기까지 했어요. 그렇게 기분 좋게, 느긋하게 2호선 탑승! 열차 문이 닫히고, 앞으로 멘 백팩이 흘러내려 다시 가방 멘 자세를 가다듬는데, 어라? 이거 뭐지?

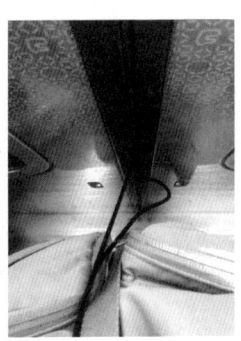

가방을 여미는 끈이 문 사이에 끼어 있었습니다. 문제는, 이쪽 문이 다시 열리려면 홍대입구역까지 가야 한다는 거였어요. 저는 직전 역인 합정역에서 환승해야 하는데 말이죠. 네… 그렇게 저는 홍대입구역까지 끌려갔다 돌아와야 했어요.

그래도 뭐, 홍대입구역과 합정역은 한 정거장 차이니까. 얼마나 걸리겠어, 하고 마음 편히 있었는데요. 지하철이 안 오더라고요?! 한참을 기다렸어요. 나, 분명 일찍 나왔는데, 결국, 이렇게 되었구나. 하하하하… 헛웃음이 나왔습니다.

> 저... 작가님. 제가 아주 쬐끔 늦을 듯해요. 다름이 아니라, 가방 끈이 문 사이에 꼈는데, 이쪽 문은 홍대역에서 열리거든요 😭 저는 합정에서 내려야 하고요. 하하하하하.... 죄송합니다
> 오전 9:39

몇 분 늦게 약속 장소에 도착했습니다. 드디어 작가님을 만났어요. 외모는 너무 다르지만(정말 많이 다름) 우리는 비슷한 구석이 많았습니다. '어라? 이런 게 비슷한 건 신기한데?' 싶은 것까지 많이 닮았어요. 지하철을 반대 방향으로 타는 일이 잦다거나, 열차 문에 가방끈이 끼는 경험이 그다지 특별한 일이 아니라는 것 같은 점요. ㅎㅎㅎ

『인터뷰하는 법』은 그날 작가님과 이야기 나눈 수많은 아이디어 중 하나였습니다. 곧바로 출간과 집필 일정을 잡았어요. 세상에. 그날의 이야기가 오늘, 책이 된 거예요.

음, 그런데요. 작가님을 처음 만난 날을 오랜만에 떠올리다가 기억났어요. 그날 제가 쓴 책 『첫 책 만드는 법』을 선물로 드렸는데, 어색하게 사인을 남겼는데(감동적인 문구는 아니었음) 책을 건네받은 작가님이 갑자기 눈물을 찍어내시는 거예요.

아…?

당황해서 "작가님, 왜 우시는 거예요?!" 하고 여쭤봤었는데, 뭐라고 답해주셨는지 기억이 안 납니다. 그런데 그 와중에 또 작가님 사진은 찍었어요.

이것이 『인터뷰하는 법』의 시작입니다. 만든 책의 시작을 이렇게 시시콜콜 설명해본 건 처음인 것 같아요. 앞으로도 오직 <거북목편지>에서만 이야기해보겠습니다.

다가올 한 주 동안은 또 흥미진진한 스케줄들이 기다리고 있어요. 다음주 편지에도 시시콜콜 담아 보내겠습니다. 그런데 멤버님, 저 이렇게 편지를 써도 되는 걸까요?! 오늘도 귀 기울여주셔서 고맙습니다.

2024년 7월 11일 희북이 드림

 거북목편지 No.026

1인 출판을 하며 새롭게 알고 느끼는 것들이 많은데요. 그중에서도 서점인 분들과 인연을 맺고 이야기 나누며 '서점'에 대해 깊이 생각하게 되었습니다. 출장에 다녀왔습니다. 진주, 창원, 부산, 대구의 서점 곳곳에 다녀왔어요. <인터뷰하는 법>을 알리기 위함이기도 하고, 터틀넥프레스를 소개하고픈 마음이 무리해서 다녀왔어요. 작년 여름 첫 출장때 기차를 잘못 타서 부산에 가야 하는데 진주에 갔던 일, 기억하시는 멤버님 계실까봐 이번에는 드디어, 제대로, 진주에 갔습니다. 그리고 여러 분들이 이야기해주셨던 '진주문고'이 드디어! 방문했어요 ⌣

당신이라는 이야기 속으로

1인 출판을 하며 새롭게 알고 느끼는 것들이 많은데요. 그 중에서도 서점인분들과 인연을 맺고 이야기 나누며 '서점'에 대해 깊이 생각하게 되었습니다.

진주, 창원, 부산, 대구의 서점 일곱 곳에 출장을 다녀왔어요. 『인터뷰하는 법』을 알리기 위해서이기도 하고, 터틀넥프레스를 소개하고픈 마음에 무리해서 다녀왔어요. 작년 여름 첫 출장 때 기차를 잘못 타서 부산에 가야 하는데 진주에 갔던 일, 기억하는 멤버님 계실까요? 이번에는 드디어, 제대로, 진주에 갔습니다. 그리고 여러분들이 이야기해주셨던 '진주문고'에 드디어 방문했어요.

처음 가본 진주문고는 서점이 한 지역의 문화를 만들고, 그 지역 사람들의 경험을 바꿔놓는 중요한 공간이라는 것을 절감하게 해주었어요. 진주문고 1층에 앉아 창밖을 보며 진주문고가 있는 진주와, 없는 진주는 크게 달랐겠다는 생각을 했습니다. 오래 머물며 책을 읽고 싶은 공간이었어요.
출장과 서점인분들과의 이야기는 '시시콜콜 한 장면'에서 소개해드릴게요.

출장에 다녀오느라 편지가 늦었습니다. 비 피해 없이 지내고 계실까요? 안전하게 지내시기를 바라는 마음을 담아 보냅니다. 그럼, 다음주에 또 편지할게요.

2024년 7월 18일 희북이 드림

거북목편지　　　　No.027

2주 전, 25호 편지에 『인터뷰하는 법』을 쓴 장은교 작가님과의 첫 만남 이야기를 담아 보내드렸는데요. 오늘은 그날의 이야기를 작가님이 직접 글로 써주셨어요. 한수희 작가님의 '생활과 생각' 연재 후 첫 번째 객원 필진의 편지입니다. 앞으로 객원 필진 분들을 모셔서 다양한 관점의 이야기를 들어봐도 좋을 것 같아요. 멤버님 생각은 어떠세요?

<이 사람에게서 이상한 기운이 느껴져요>

글. 장은교

안녕하세요. 희북님을 대신해 오늘의 <거북목편지>를 쓰게 된 장은교입니다. 제가 누구냐면요. 다수의 병원에서 공식적으로 인정받은 거북목이자, 책을 좋아하고 책을 쓰기도 하고, 그러다 보니 희북님과 『인터뷰하는 법』이라는 책까지 만들게 된 초보 작가입니다. 거북목 멤버님들이 책을 만든 이야기를 많이 좋아해주셨다고 하여, 이번에는 작가 버전의 이야기를 써볼까 해요.

에디터 희북님을 만난 건 가을 어느 날이었습니다. "정말 비슷한 사람이 있다"는 이야기를 듣고 약속 장소에 나갔어요. '터틀넥프레스'라는, 이름부터 수상하기 짝이 없는 출판사(이름을 듣고 목을 잡고 웃었지 뭐예요)를 만들고, 첫 책 『기획하는 일, 만드는 일』을 출간했다는 사실까지는 알고 있었지만, 그 외에는 정보가 없었습니다.

소개해준 분이 갑자기 못 나오게 되면서, 저는 두근거리는 마음으로 카페에 앉아 있었어요. 주선자 없이 인상착의로 알아채야 하는 둘만의 만남. '이건 마치 소개팅 같잖아?' 생각하면서요. 잠시 기다리는데, 메시지가 왔습니다. 가방 끈이 지하철 문에 껴서 한 정거장을 더 가야 한다는 내용이었습니다.

가방끈 사진을 보면서 생각했습니다.
'이건 마치… 나잖아?'
자주 물건을 잃어버리고, 잃어버렸다는 사실조차 잊고 있을 때쯤 물건이 돌아오고. 눈을 부릅뜨고 확인하고도 지하철을 거꾸로 타고, 몇 정거장을 지나서 내리고. 이런 일들이 생겨도 당황하지 않고 크크크 하며 인증샷을 찍을 수 있는 여유로움. 만나기 전인데도, 마음이 놓였습니다. 지하철 문에 가방끈 끼는 사람이라면 믿을 만하다! 실제로 만난 희북님은, 기대 이상으로 멋있고 기대만큼 이상한 사람

당신이라는 이야기 속으로

이었습니다. 분명히 비즈니스 미팅이라고 할 만한데, 일 얘기는 거의 하지 않았어요. 처음 만난 사람끼리 수다를 얼마나 맛있게 나누었는지 몰라요. (그날 희북님이 쓰신 『첫 책 만드는 법』을 받았는데요. 제가 그 책을 받고 눈물을 보였다는 미확인팩트가 지난 편지에 유포되었더라고요. 제가 왜 눈물을 보였는지, 눈물을 보인 것이 확실한지에 대해서는 '지난 일은 기억나지 않는다'라고 말씀드리겠습니다. 아마도 책 냄새를 맡고 있었던 것 아닐까요. 킁킁.) 아무튼, 정신을 차리고 보니 책을 만들기로 했고 얼마 후 마감이 시작됐습니다.

매주 한 편씩 원고를 보낼 때마다, 희북님은 저에게 답장을 해주었습니다. 희북님의 답장을 받을 때마다 메일에서 박수 소리가 들리는 것 같았어요. 그것도 천둥번개 같은 우렁찬 박수 소리. (희북님이 박수를 보내면 저는 앞구르기 뒤구르기를 하며 다음 원고를….) 336페이지라는 짧지 않은 분량의 책을 쓰는 동안, 저는 그 박수 소리에 의지해 한 장 한 장을 채워나갔습니다.

응원과 함께 신나게 초고를 쓴 것이 1단계였다면, 2단계에서 저와 희북님의 관계는 조금 달라졌어요. 문에 가방끈을 끼고 다니는 빈틈 많아 보이는 사람은 어딘가로 가고, 꼼꼼하고 정확한 눈을 가진 에디터 겸 대표님의 기운이 느껴졌습니다. 우리는 치열하게 의견을 나누었고, 원고를 수정하고 또 수정하고 또 수정했습니다. 어떤 원고는 완전히 버렸고, 어떤 원고는 순서가 바뀌었고, 어떤 원고는 조사 몇 개를 두고도 오랫동안 고민하며 묵히는 시간을 가졌습니다.

그 기간엔 이 책이 세상에 존재해야 하는 이유, 이 책을 펼친 누군가에게 정말로 도움이 되었으면 좋겠다는 마음이 희북님과 저를 힘껏 밀어주었습니다. 그리고 3단계. 함께 만든 책을 경건한 마음으로 세상에 내놓았습니다. 이제 이 책은 희북님과 저의 책이 아니라, 독자님들의 책이라는 것을 압니다.

직업인으로서 일을 한 지 19년 차가 된 저는, 여전히 잘 넘어지고 후회하고 실수하고 이불킥을 하면서 하루를 마무리할 때가 많습니다. 그럴 때, 슬며시 저를 기운 나게 하는 것은 고마운 동료들의 존재입니다. 저기, 나와 같은 마음으로 무언가를 우당탕거리는 누군가가 있다. 저 사람은 나만큼이나 이상하고, 나만큼이나 치열하다. 그래서 나를 보듯 걱정되고, 나에게 하듯 응원해주고 싶다.

이 편지는 희북님과 제가 얼마나 즐겁게 일했는지를 뽐내려 쓰는 글은 아닙니다. 저도 늘 관계에 어려움을 겪고, 어떤 이와는 끊임없이 부딪히며 어떤 이에게는 좋지 않은 기억으로 남아 있을 거예요. 어쩌면 희북님도('출판계의 리트리버'도 과연 그럴까 의문스럽긴 하지만) 영 힘이 나지 않는 관계를 경험했을 겁니다. 그리고 그건 한 사람의 옳고 그름의 문제는 아닐 거라고 생각해요.

누구나 빛과 그림자를 품고 있다고 생각합니다. 혹시 지금 힘든 시간을 보내고 있는 분이 계실까요. 나 자신과의 관계 또는 누군가로 인해 쉽지 않은 감정들을 견뎌내고 있나요. 그럴 땐 잠시, 지금 있는 자리에서 벗어나보라고 권해드리고 싶습니다. 불이 난 현장을 피해, 보다 안전한 곳으로 나를 이동시키듯 움직여보는 겁니다.

세상에는 많은 관계가 있고, 관계는 늘 다양한 모습으로 변합니다. 억지로, 상처 주는 관계에 나를 맞추려 하지 말아주세요. 다른 사람들이 다 '훌륭하다, 대단하다' 하는 사람도 나와는 맞지 않을 수도 있습니다. 그럴 땐 차라리 홀로 있거나, 나만큼이나 이상한 기운이 느껴지는 사람을 찾아보면 좋겠습니다. 세상에는 지하철 문에 가방끈이 끼어서 약속 시간에 늦는 것을 '좋은 징조'로 받아들이는 사람도 있으니까요. (그리고 혹시 나와, 또는 관심이 가는 타인과 대화를 시작하고 싶다면 『인터뷰하는 법』을 읽어보시면 어떨지… 라고 소심하게 괄호 안에 적어봅니다아.)

아잇, 글이 너무 길어졌네요. 책을 펴내고, 책을 읽을 독자님들의 얼굴을 상상하면서 그분들이 스스로의 빛과 그림자를 발견하고 아껴주면 좋겠다는 생각을 했습니다. 여러분, 거북목이 되는 것을 마다하지 않고 굳이 굳이 책을 놓지 못하는 우리들은 어딘가 이상한 점이 많은 사람들일 거예요. 우리의 이상함을 존경하고 사랑합니다.

여기까지 읽어주신 우리 멤버님,
지금 기지개를 켜고 하늘을 바라봅시다.
그리고 앞으로도 우리, 계속 이상해져 봐요.
저는 언젠가 또 수상한 글로 돌아오겠습니다.

다정하고 늠름한 마음을 담아,
객원 필진 1호 거북목 장은교 드림

작가님이 보내주신 편지를 읽고 뭉클했어요. "우리들은 어딘가 이상한 점이 많은 사람들일 거예요. 우리의 이상함을 존경하고 사랑합니다"라는 문장이 등을 다독다독해주는 듯했어요.

멤버님에게도 이상한 점이 있나요? 저는… 아침에 눈을 뜨면 기분이 하루 중 최상급인데요(아침부터 날아다님), 짝이 종종 그러더라고요. "지나치게 기분이 좋아. 이상해." 어쨌든 또 하루가 시작되었으니까. 새로운 빈 종이를 받아들였으니까. 리셋되었으니까. 그래서 기분이 좋더라고요. 우리 거북목 멤버들의 이상한 점도 궁금해요. 그럼 다음주 목요일에도 편지할게요! 힘든 여름, 건강히 보내기를요.

2024년 7월 25일 희북이 드림

 거북목편지   No.028

찜통더위와 습도 속에서 건강히 지내셨나요? 저는 여름 감기에 걸려 며칠을 아무것도 못하고 침대 위에서 앓았습니다. 아직 완쾌는 못 했는데요. 다행히 편지를 쓸 수 있게 되었어요. 이비인후과에 갔더니 환자들이 정말 많더라고요. 건강 조심하셔요! 꼭꼭.

멤버님과 함께 축하하고 싶었던 첫 번째 소식. 『인터뷰하는 법』 2쇄를 찍었습니다. 원고를 집필하는 동안, 이 원고는 이런 책이 되면 좋겠다… 하고 꿈을 갖게 되는데요. 작가님은 "많은 사람들이 인터뷰를 유용한 삶의 도구, 친구로 즐길 수 있도록 안내하는 책을 쓰고 싶다"고 하셨어요. 그 말을 잊지 않으려고 잘 보이는 곳에 메모해두었습니다.

요즘은 매일, 책을 읽은 분들의 리뷰를 찾아보는데요. 각자의 삶에 각자의 방식으로 '인터뷰'라는 도구, 친구를 맞이한 리뷰들을 작가님과 함께 보며, 저희는 채팅창에 눈물을 자주 찍습니

당신이라는 이야기 속으로

다. 감사합니다. 모든 글에 댓글을 남기지 못하지만, 진심으로 감사하게 읽고 있어요. 멤버님이 리뷰를 써주신다면, 당장 달려갈게요.

지난주에는 장은교 작가님의 관점에서 터틀넥프레스와의 첫 만남과 『인터뷰하는 법』을 쓰고 만든 과정을 전해드렸는데요. 오늘은 제 차례입니다. 멤버님, 기억하실까요?! 갑자기 만든 코너 '시시콜콜 한 장면'. 오늘의 한 장면은 첫 원고가 도착했던 날입니다. 이어지는 이미지들은, 장은교 작가님과 제가 주고 받은 실제 이메일을 캡처한 것들입니다.

시시콜콜 한 장면

<#장면2. 첫 번째 원고가 도착한 순간>

편집자여서 좋은 이유 중 하나는, 첫 독자가 되어 작가님의 원고를 우주에서 가장 먼저 읽을 수 있다는 것입니다. 원고가 첨부된 메일을 받을 때면, 저도 모르게 긴장합니다. 설레는 긴장감을 느껴요. 어떤 때는 실제로 "으아악!" 소리를 내며, 마우스를 부들부들 꽈악 쥐며 첨부파일을 클릭하기도 해요.

> 작가님의 메일을 처음 확인했던 때, 저는 은행 창구에 앉아 있었습니다.
> 직원분이 일을 처리하는 동안 시선을 둘 곳을 찾다가 휴대폰을 뒤적, 메일을 뒤적, 그리고
> 와!!!!!!!!!! 세상에, 세상에, 입으로 말해버렸어요.
> 직원이 고개를 들어 네? 하고 물어보시더라고요.

장은교 작가님의 첫 번째 원고를 받았을 때는, 원고 파일을 열어보기도 전에 "우왁!!!!!" 하고 소리내서 말해버렸어요. 그것도 은행 창구에 앉아서. ㅎㅎㅎ 모바일 이체 한도가 100만 원도 안 되던 때라 은행에 직접 갈 일이 많았거든요. 그날도 아휴 귀찮아, 하며 은행에 갔고, 직원분이 일처리를 하는 동안 할 일이 없어 메일함을 열었고, 거기에 예상보다 빠르게 마감한 작가님의 편지가 도착해 있었습니다. 바로 이런 내용이었어요.

> 인생의 절반 이상을 글을 쓰며 살아왔고,
> 열 여덟해동안 마감을 하며 살아왔는데
> 왜 이렇게 매번 떨리는 걸까요.
> 제가 많이 좋아해서 그런 거겠죠?
>
> 새로운 마감과 프로젝트를 시작하면서
> 저의 새로운 페르소나를 찾아보았습니다.
> '큰소리 뻥뻥' 이에요.
> 일단 큰소리 뻥뻥 치겠다. 잘 할 수 있다!!
> (하...헛소리 뻥뻥 바로 생각나는 건 왜죠...)
>
> 희희님이 계셔서 든든합니다.
> 우리의 작업이 아주 행복한 여정이 될 거라고 믿어요.
> 함께 해주셔서 감사해요.
>
> 그럼 다음 마감과 함께 돌아오겠습니다...!

장은교 작가님→희북이.
첫 번째 원고가 담겨 있던
메일에서 발췌

당신이라는 이야기 속으로

"책 한 권을 쓰는 데에 기간이 얼마나 걸릴까요?"라는 질문을 종종 받아요. 그 기간을 '초고 집필 기간'이라고 좀 더 구체적으로 기준을 정해볼게요. 질문에 대한 저의 답은 늘 같은데요. 책마다, 작가마다 다릅니다. 말 그대로 '케바케'예요. 저의 경험으로 보자면 짧게는 4~5개월, 길게는 수 년이 걸리기도 해요. 그리고, 영원히 초고를 못 써서 책을 출간하지 못하는 경우도 있었습니다.

초고가 없으면 아무것도 할 수가 없어요. 그런데, 그 초고를 쓰는 일이 참 어렵습니다. 때문에 편집자의 중요한 역할 중 하나는 작가님이 초고를 완성할 수 있도록 돕는 것입니다.

이렇게 초고를 쓰는 일이 어렵고, 또 중요하기 때문에 저는 '초고를 전부 쓰고 편집자에게 한 번에 건네는 방식'보다, '짧은 마감을 여러 번 나누어 하는 방식'을 작가님께 제안하는데요. 쉽게 말해, 저라는 독자를 대상으로 연재하는 셈이지요.

『인터뷰하는 법』은 장은교 작가님이 매주 수요일에 마감을 하기로 하셨어요. 매주 한 편의 글을 쓰는 게 쉽지 않거든요. 아니, 정말 어려워요. 그런데 장은교 작가님은 매주 마감을 지키는 것을 넘어 미리 당겨서 마감하는 등의 놀라운 마감력을 보여주셨습니다. 제가 원고 읽는 속도를 못 따라갈 정도로요. 다음은 바로 그 흔적들. 작가님의 메일을 발췌한 이미지들입니다.

이번주 원고 보냅니다.
하루 일찍 마감하는 저자 보셨나요.
그게 바로 나야나…. ㅋㅋ

희희님, 평안한 주말 보내고 계신가요.
콧물 들어갔다고 폭주하는 마감머신 장은교입니다.

이번주 원고 미리 보냅니다.
이번 원고는 분량이 조금 길어요. 원고매수로 50매 정도 됩니다.
벌써 아홉번째라니, 뿌듯하네요.

희희님, 마감쟁이 장은교입니다.

눈이 온다고 하셔 창가 자리에 앉아 기다리고 있는데
비만 와서 아쉬워하고 있습니다.

그래도 마감을 무사히 마쳐서 기분이 좋네요.

이번 이야기도 즐겁게 읽어주세요.

눈이오나비가오나
마감을 잘 지키는
장은교 드림

그럼 이렇게 매주 작가님이 마감을 하시는 동안 저(편집자)는 무엇을 했냐면… 큰 소리로 작가님을 응원했습니다. 둥둥둥 북을 치기도 하고, 김단하기도 하고, 같이 울기도 하고, 솔직한 감상을 전하기도 하면서요. 이어지는 이미지들은 초고 집필 기간 동안 제가 작가님께 보낸 편지들에서 발췌한 거예요.

당신이라는 이야기 속으로

> 큰소리뻥뻥님, 저는 그 큰소리에 리듬을 맞춰 북을 치겠습니다.
> 작가님이 더더 큰소리를 낼 수 있도록요.
> 함께 즐겁게 행복하게 걸어가봐요!!!

> 저는 이 문장을 메모했습니다.
>
> "우리의 인터뷰, 우리의 질문이 답이 아니라 길을 찾는 과정이라면,
> 우리는 어쩌면 질문을 만드는 과정 자체를 즐길 수도 있습니다."
>
> 마치, 살아가며 순간순간 던지는 질문과 답에 대한 이야기와도 같았어요.
> 인터뷰하는 법을 알려주시는데, 사는 법을 떠올리게 하는 멋진 글
> 정말 감사합니다.

> 우리 책은, 겉으로만 보기엔 인터뷰하는 법을 담고 있지만
> 사실 누군가를 더 궁금해하고 사랑하는 법을 알려주는 책이라는 생각이 들어요.
> 그게 '장은교'라는 사람이 썼기 때문에 그렇고요.
>
> 작가님, 감사해요.
> 매주 행복합니다.

그렇다고 편집자가 "무조건 좋아요! 어서 써주세요!"라고만 외치는 건 아닙니다. 예를 들어, 원고의 방향이 애초의 기획과 크게 달라지면, 길잡이로 변신해 작가님을 우리가 걸어야 할 길로 다시 데려오는 역할도 해요.

또 원고를 처음 봤을 때 떠오른 느낌과 아이디어를 적극적으로 메모해두는데요. 이게… 맨 처음, 새 눈으로 원고를 봤을 때가 정확하더라고요. 책을 만들며 원고를 여러 번 읽다보면 어디가 좋은지, 어디를 보완할지, 어떻게 해야 할지 보이지 않더라고요. 그

래서 저는 초고에 아무런 검열 없이 메모를 왕창 합니다. 『인터뷰하는 법』도 그랬답니다.

이렇게 써둔 메모는 초고 집필이 끝난 후, 본격적으로 편집 단계에 돌입했을 때 큰 도움을 줍니다. 이때 써둔 아이디어들을 바탕으로 원고를 수정하거나, 책의 구성을 만들기도 하거든요. 마치 과거의 제가 저를 도와주는 것 같아요.

오랜만에 장은교 작가님과 집필 기간 중 주고받은 편지를 하나씩 열어보니, 몇 개의 계절이 지나가는 게 보이더라고요. 작가님께 캡처한 편지들을 보여드렸어요. 이런 답이 돌아왔습니다.

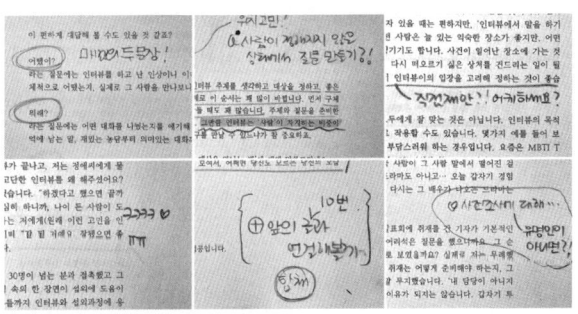

『인터뷰하는 법』 초고에 써둔 실제 메모들

당신이라는 이야기 속으로

"우와… 정말 행복한 시간이었네요!"

정말요. 행복한 시간이었습니다.

> 희님에게 편지를 쓸 수 있어서 참 행복합니다.
>
> 초고를 끝내고 당당하게 다리를 꼬고 앉은
> 장은교 드림

한 장면을 쓰겠다더니, 3,000자를 쓰고 있는 희북입니다. 이렇게 초고를 끝내고 나면 바로 책으로 나오는 것인가 하면, 그렇지 않습니다. 이제부터 다시 시작. 원고를 수정하고, 또 수정합니다. 이 이야기까지 하면 오늘 편지가 끝나지 않을 거예요. 오늘은 여기까지. 너무 시시콜콜해져버린 '시시콜콜 한 장면'이었습니다. 다음주에도 시시콜콜 찾아오겠습니다.

2024년 8월 1일 희북이 드림

거북목편지   No.029

지난 7월, 출장으로 부산 '나락서점'에 갔을 때였습니다. 대표님과 손을 잡고 반갑고 또 반가워했어요. 작년 12월 마우스 북페어에서 만나고 7개월 만이었습니다. 참고로 마우스 북페어는 제가 가본 북페어 중 가장 멋진 곳이었고, 나락서점 대표님은 그 북페어를 준비하는 분 중 한 명이에요.

포스기가 놓인 자리에서 『인터뷰하는 법』을 읽고 계셨다는 대표님이 제게 줄 것이 있다고 했어요.

"언젠가 오시면 선물하려고 가지고 있었어요."

두 손에 들고 내민 것은, 귀여운 토시였습니다. 잔잔한 꽃무늬가 프린트된, 시원한 소재의 토시요.

선물을 받을 때면 그 선물이 제 손에 닿기까지의 시간을 떠올리곤 해요. 선물할 사람을 생각하고, 무얼 건넬지 고심하고 고르는 시간. 선물 자체도 고맙지만, 그 시간이 더 감사했거든요. 그런데, 이 귀여운 토시 선물에는 또 다른 시간이 덧붙어 있었더라고요. '언제일지 모르지만, 그 사람이 올 때까지 기다리는 시간'요.

당신이라는 이야기 속으로

이 편지를 쓰는 지금도 저는 토시를 끼고 있습니다. 아침에 거실 책상으로 출근해 맨 처음 하는 일은, 이 귀여운 토시를 비장한 마음으로 손에 끼는 겁니다. 그러면, 오늘 업무 시이작. 그때마다 떠올립니다. 언젠가 올 때를 기다려준, 선물해주신 분의 마음을요. 그리고 저 역시 선물을 준비하는 마음으로, 오늘도 책을 만듭니다.

멤버님, 나락서점 살짝 구경해보실래요?

나락서점 문을 열고 들어서면 딱 이런 모습이에요. 잠깐 사진을 들여다보시면요. 곳곳에 손이 닿아 있어요. 처음 서점에 갔을 땐 잘 정리되어 있어서 몰랐는데, 정말 다양한 독립출판물과 일반단행본이 어우러져 이 공간에 자리잡고 있습니다.

안쪽에서 보면 이런 모습. 저 창가에 고양씨가 앉아 있기도 합니다.

대표님이 읽고 있던 『인터뷰하는 법』.

터틀넥프레스 코너(!)에 엉금씨도 앉혀보고.

당신이라는 이야기 속으로

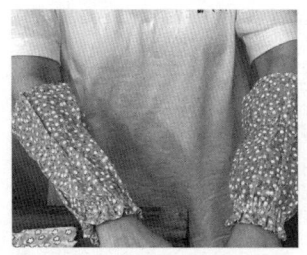

바로 그 토시! 경주에 가셨다가 부모님의 단골집에서 사셨대요. 토시가 너무 귀여워서 크게 웃었어요.

늘 저 문 앞에서 배웅해주는 마음 대표님.

그리고 지금 서울의 제 책상 위 모습. 일하다보면 책상에 팔이 쩍쩍 붙곤 하잖아요. 토시를 끼니까 산뜻하게 일할 수 있더라고요. '나 이제 일 시작한다-' 하는 귀여운 비장함도 느낄 수 있고요. 무엇보다 선물해준 사람을 자주 떠올리게 돼요.

이 편지를 쓰다가, '토시'의 사전적 의미를 찾아봤어요. "일할 때 소매를 가뜬하게 하고"에 밑줄, '가뜬하다'를 찾아보니 두 번째 의미가 좋아요. '마음이 가볍고 상쾌하다.' 그래서, 토시를 끼면 기분 좋게 일을 시작할 수 있었구나! 토시란 대단해!

처음엔 다른 지역 서점들을 출장으로 방문하기 시작했지만, 이제는 그곳에 책 친구들, 동료들이 있다고 생각하게 돼요. 멤버님, 부산에 있는 우리의 책 친구, 나락서점에 꼭 가보시길요. 읽고 싶은 책을 만날 수밖에 없을 거에요.

2024년 8월 8일 토시를 낀 희북이 드림

거북목편지 No.030

매년 입추를 지나 보내고는 "입추 매직이다!" 큰 소리로 말했는데, 올해는 절기 마법도 힘을 발휘하지 못하는 것 같아요. 너무, 덥죠?! 그다음은 '광복절 매직(광복절 후 시원해진다)', 또 그다음은 '처서 매직'을 기다려야 한다고들 하는데요. 저 같은 가을 인간은, 너무 힘듭니다. 멤버님은 잘 지내고 계신가요?

정동진 영화제에 갔던 한 멤버님이 보내준 사진이에요. 곳곳에서 이 전단지를 읽고 계신 분들을 많이 목격했다고 하시더라고요. 내년에는 저도 꼭 가고 싶어요.

이번 편지를 처음 받는 거북목 멤버들이 꽤 있을 거예요. 특히 정동진 영화제에서 '거북목 멤버 모집' 전단지를 보고 가입한 분들이 계신데요. 정동진에서 터틀넥프레스를 알게 된 분, 손! 너무너무 반갑습니다.

시시콜콜 한 장면

책을 만들고 알리는 과정에서 일어난 일들을 한 장면씩 골라 시시콜콜 이야기하는 '시시콜콜 한 장면'. 오늘의 장면은 '어느 날의 메모'입니다.

지난 토요일, 동인천에 있는 '패치워크'에서 『인터뷰하는 법』 북토크가 있었어요. 폭염 속 오후 두 시. 스무 명 남짓의 거북목 멤버들이 모였습니다. 저는 맨 뒷자리에 앉아 장은교 작가님과 참여한 분들을 번갈아 바라보고 있었어요. 이야기가 깊어질수록 작가님과 책을 만들던 때의 장면들이 떠오르더라고요. 우리 작가님, 참 고생하셨는데. 오늘 같은 날을 기다리며 함께 마감했는데.

그때, 언젠가 메모장에 적어둔 작가님의 말씀이 떠올랐어요.

당신이라는 이야기 속으로

(왼쪽) 패치워크에서 그려주신 터틀넥프레스 심벌. 뒤통수와 턱 라인을 신중히 그리신 게 느껴졌어요. (오른쪽) 엉금씨 뒤에 파란 꽃 보이세요? 멤버 한 분이 표지색에 맞게 꽃을 뜨개질해서 선물해주셨어요.

2024/04/20

"좋은 사람이 되고 싶고, 좋은 사람들에게 힘이 되는 글을 쓰고 싶어요."

장은교 작가님

이런 마음을 가진 작가님과 책을 만들고 있다는 게 감사했어요. 저 역시 좋은 사람이 되고 싶고, 좋은 사람들에게 힘이 되는 책을 만들고 싶었어요. 오늘 멤버님께 편지를 쓰려고 책상에 앉아 또 생각했어요. <거북목편지>를 시작하길 잘했다, 편지를 쓰지 않았다면, 이런 마음을 전할 길이 없었을 텐데, 하고요. 그리고 멤버님들이 매주 편지를 읽어주시지 않았으면 또 전할 수 없었을 텐데. 정말 고마워요.

    멤버님, 저 고민이 있어요.
    책과는 전혀 상관없는 고민인데요. 제가 '섬, 개, 술'을 좋아한다고 얘기한 적 있잖아요. 그래서 '섬에서 개를 쓰다듬으며 술을 마시면' 인생 최고의 행복이라고요. 이때 '술'은 특히 섬의 막걸리를 말하는데요.

    그간 국내의 섬들을 비롯해 여행을 다니며 모아놓은 막걸리 라벨과 뚜껑들이 있어요. 지역 막걸리는 서울까지 유통되는 경우가 적어서(유통기한 때문에) 그곳에서만 맛볼 수 있고, 특히 섬의 막걸리 중에는 양조장이 아니라 어르신들이 직접 담그는 것들도 있거든요. 그 순간에만 마실 수 있는 특별한 한잔. 그게 소중해서 여행 때마다 챙겨 마시고(!) 라벨도 모았어요. 그런데… 이걸 모아서 독립출판물을 만들고 싶다고 생각한 지 꽤 되었는데, 아직도 이렇게 보관만 해두고 있습니다. 종종 여행을 추억하며 꺼내보기만 하면서요.

당신이라는 이야기 속으로

생각해봤어요. 왜 책을 만들지 못하는 걸까? 답은 바로 나왔어요. 제가 출판편집자여서 그렇더라고요. 기획하고, 목차 짜고, 원고 정리하고, 이미지 스캔 받아 정리하고, 디자인 넘기고… 중얼중얼중얼. 그렇게 출간 계획을 짜다보면, 지금 터틀넥프레스 책 만들 시간도 부족한데 무슨 개인 작업이야(시무룩), 하고 말아버려요. 근데, 또 마음 한쪽에는 '나만의 즐거움을 위해 이런 것도 해볼 수 있는 거 아냐?!' 하고 슬쩍 말을 걸기도 하고요.

휴우-.

막걸리 라벨은 제게 여행 사진과 같아요. 어느 지역에서 어떤 막걸리를 마셨는지, 그때 어떤 일이 있었는지 기억하게 해주는 기념품이거든요.

그래서요… 멤버님의 힘을 빌려도 되겠습니까!(비장) 멤버님께 선언해버리려고요. '섬, 개, 술' 독립출판물을 11월까지 만들겠습니다. 그리고, <거북목편지>에 소식을 알리겠습니다. 응원…해주실 거죠…? 인스타그램에 100일간 매일 글 올리기도 이렇게 소문내고, 응원들을 받으며 덕분에 해낼 수 있었거든요. 이번에도, 할 수 있지 않을까요?!(이미 긍정회로 가동 중)

코로나도 다시 확산되고, 더위도 여전한 요즘. 우리 한 주간 건강히 보내고 다음주에 또 소식 나눠요!

2024년 8월 8일
덜컥 선언하고 조금 후회하고 있는 희북이 드림

🗨 이때 선언했던 독립출판물 『섬개술』은 결국 벼락치기로 만들어 부산 마우스 북페어에서 공개했다. 252쪽 참고.

031-043
함께라면 가능할지도

거북목편지 　　No.031

우리가 애타게 기다리는 가을. 그 10월에 터틀넥프레스의 중요한 이벤트가 기다리고 있어요. 일단 제 생일이 있고요(?) '땡스북스'에서 터틀넥프레스의 첫 전시가 진행됩니다.

땡스북스는 서점의 얼굴이라고 할 수 있는 쇼윈도와, 서점 내부 매대 한 개를 출판사가 전시 공간으로 활용할 수 있도록 기회를 마련해주시는데요. 드디어, 터틀넥프레스도 어엿하게 전시를 하게 되었어요. 그래서 말인데요. 멤버님, 혹시 땡스북스 전시 준비, 함께하실래요?!

터틀넥프레스는 1인 출판사이지만, 거북목 멤버님들이 있어 혼자가 아니라고 늘 생각하고 있어요. 그래서 멤버들과 함께 만들어가는 일을 해보고 싶었는데요. 이번 전시 준비를 함께하는 새로운 시도를 해보려고 합니다. 우리 모여서 아이디어도 나누고, 어떤 굿즈를 만들지, 이벤트는 무얼 하면 좋을지 의논해봐요!

새로운 걸 시작할 땐, 일단 이름을 붙여야 하잖아요? 이번 프로젝트의 이름은 '거북목 기획단'입니다. 다음 안내를 꼭 읽어봐주세요.

"거북목이 간다!"

'거북목 기획단' 모집

활동 방법

[필수] 9/3(화요일) 저녁 7시 30분. 서울 마포구 내에서 진행되는 오프라인 기획회의에 참여해 전시 아이디어를 나눕니다. (모임 장소는 추후 공지.)

[선택] 땡스북스 전시 준비와 홍보를 함께합니다.

모집 인원 4명

모집 기간 8/22(목)~8/26(월)

신청 방법 아래 링크로 오셔서 간단한 신청서를 작성해주세요. 신청서 내용을 바탕으로 멤버를 위촉*하려고 합니다.

*위촉: 어떤 일을 남에게 부탁하여 맡게 함(표준국어대사전)

멤버 발표 8/27(화) 개별 연락

멤버 리워드

1) 터틀네프레스의 다섯 번째 책을 우주에서 가장 먼저 증정합니다.
2) 땡스북스 전시 크레딧에 성함을 기재합니다.

함께라면 가능할지도

💬 언젠가 거북목 멤버(독자)들과 함께하는 프로젝트를 진행해보고 싶었는데, '거북목 기획단'이 그 첫 번째 시도였다. 무려 27명의 멤버가 정성스럽게 신청서를 작성해주셨고, 그중 4명만 모시려다가 아쉬워 인원을 6명으로 늘려 아이디어 회의를 진행했다.

 거북목편지 No.032

갑자기 날씨가 얼굴을 바꿔버렸어요. 무자비하게 내리꽂던 햇볕도, 사우나 같던 습도도 하루아침에 사라지고 언제 그랬냐는 듯, 모른 척하고 가을의 얼굴을 하고 있습니다. 가을 인간인 저는 '날씨 이 친구, 너무하네' 하면서도 무척이나 반가워요.

이렇게 가을에 들어서면, 이제야 '하반기로 넘어왔구나' 생각하게 돼요. 엄연히 따지자면 하반기는 이미 7월부터 시작되었는데 말이죠. 만일 지금 회사에 다니고 있었다면, 슬슬 내년 출간 계획과 매출 목표를 세우느라 이런저런 회의에 참석하고 있었을 거예요. 터틀넥프레스도 내년 생각을 하는 요즘입니다. 그러다가

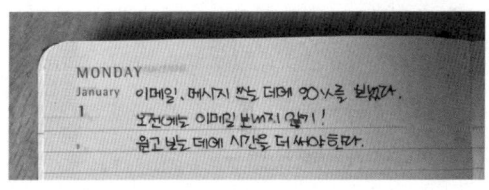

스케줄러에 써 있던 2024년 새해 첫 회고.

함께라면 가능할지도

'목표'에 대해 곰곰 생각하게 되었어요.

저는 새로운 책을 만들기 시작할 때 저만의 목표를 세워요. 이때 목표는 숫자(매출액, 판매 부수, 순위 등)와는 거리가 먼 것들로만 정합니다. 예를 들면 이런 목표들요.

A책 목표 → 이 그림 작가님과 삽화 작업을 해봐야지.
B책 목표 → 이런이런 사은품을 제작해봐야지.
C책 목표 → 편집구성에 이런 걸 시도해보고 싶어.
D책 목표 → 이 책으로 다른 업체와 컬래버해보면 좋겠다.

이렇게 나만의 목표를 만들기 시작한 건, 숫자가 목표의 전부이면 금방 지쳐서였어요. 회사에서 정하는 숫자 목표는 늘 달성하기 어려운 것이었고, 만일 목표를 달성하지 못하면 그 책은 마치 가치가 없는 책처럼 여겨지고, 힘껏 그 책을 만든 시간과 노력 또한 가치가 없어지는 듯했어요. 그런 일이 반복될수록 지쳐갔고, 책 만드는 기쁨도 줄더라고요. 정말 운이 좋아서 숫자 목표를 달성한다 해도, 그 기쁨은 잠시일 뿐 금방 잊혔어요. 제가 정한 목표를 이룬 게 아니었으니까요.

그래서 숫자가 없는 목표, 회사나 세상이 말하는 기준에 맞는 목표가 아닌 '나만의 진짜 목표'를 세우기 시작했어요. 이렇게 거창하게 표현했지만, 제가 덜 지치고 덜 아프고 좀 더 재밌게 일하려고 만든 룰 같은 거예요. 사실, 숫자 목표는 마음속에 일부러 품지 않아도 저절로 주입될 수밖에 없고, 일부러 되새기지 않아도 일하는 동안 졸졸 따라다니니까요.

터틀넥프레스의 책들도 책마다 목표가 있었는데요. 하나씩 공개해보자면요.

『기획하는 일, 만드는 일』의 목표 → "서점에 책이 놓이게 하자"
책이 나오면 서점에 책이 놓이는 거, 회사에 있을 땐 공기만큼이나 너무 당연한 일이었어요. 그런데 이제 막 시작하는 출판사에겐 아니었습니다. '서점에 책이 놓인다는 것'은 물류사ㅡ유통사ㅡ서점 등과 계약을 하고, 그러기 위해서는 업체를 알아보고 거래 조건을 조율하는 등의 과정을 완료해야 한다는 걸 의미했어요.

서점에 놓인 『기획하는 일, 만드는 일』을 처음 봤을 때 눈물이 찔끔 났어요. 그 과정을 다 끝냈구나. 목표를 달성했구나. 너무 잘했다. 장하다.

『에디토리얼 씽킹』의 목표 → "펀딩 과정을 경험해보자"

펀딩을 한다는 것은, 책 출간보다 적어도 한 달 전에 중요한 사항들이 미리 결정되어 있어야 한다는 의미. 그것은 곧 출간일을 한 달 당기는 것과 다름없다는 건데요. 어마하게 힘든 일이었습니다. 지난해 가을은 책 만든 것 말곤 기억이 없어요.

게다가 펀딩 리워드 선물을 혼자 포장했는데요(그것도 손 많이 가는 방식으로). 회사에 있을 땐 동료들과 몇 시간이면 뚝딱 해내던 수량이었기에 웃으며 시작했는데, 스무 시간쯤 같은 자리에 앉아 포장을 하다가 눈물을 뚝뚝 흘렸던 날도 있었어요. 무사히 책과 리워드 선물이 발송되었을 때 또 울었습니다. 끝났다. 잘했다. 장하다.

『오늘도 우리는 나선으로 걷는다』의 목표 → "에세이 시장에 신인으로 데뷔하자"

우리 『오나선』은 터틀넥프레스의 '에세이' 분야 첫 번째 책이에요. 앞선 두 권의 책은 '예술' 분야였거든요. 분야가 다르다는 건, 서점의 담당자분들이 다르다는 것이고, 저는 다시 처음부터 첫 책처럼 서점 미팅을 시작해야 했어요.

아시다시피 에세이 분야는 특히 뜨겁고 치열합니다. 그 분야에 신인으로 등장해 매대에 책을 놓이게 하는 것은 쉬운 일이 아니더라고요. 감사하게도 신인을 응원해주시는 서점 엠디님들 덕분에 에세이 분야에 수줍게 나설 수 있었어요.

『인터뷰하는 법』의 목표 → "작가님과 거북목 멤버들과 소중한 추억을 많이 만들자"

장은교 작가님과 거북목 멤버님들이 만나는 자리를 많이 만들고 싶었어요. 서울을 넘어 지역의 곳곳에 있는 멤버들, 독자들을 만나고 싶었어요. 어떤 분들이 우리 책을 읽고 계신지, 어떻게 읽으셨는지, 눈을 맞추고 묻고 듣고 싶었어요. 그래서 다양한 북토크, 워크숍 등을 기획하고 제안하고, 현실로 만들어가고 있어요. 바로 내일은 진주에, 일요일엔 대전에 멤버님들을 만나러 갑니다! 그리고 또 계획하고 있는 일들이 많으니, 우리 꼭 만나요.

이렇게 보면 터틀넥프레스는 목표를 100퍼센트 달성한, 성과가 매우 좋은 1인 출판사예요. 물론 저는 매일 아침 어제의 책 판매 부수와 순위를 체크하며 하루를 시작하지만, 그게 전부가 아니게 해주는 건 이런 목표들 덕분이었어요. (숫자 계획도 세웁니다. 그래야 계속 책을 만들 수 있으니까요. ㅎㅎ) 그러고 보니, 터틀넥프레스의 2024년 목표는 두 가지가 있었네요.

상반기: 뉴스레터를 시작하자.

하반기: 터틀넥프레스 주최로 거북목 멤버들과 오프라인에서 만나자.

첫 번째는 이 편지로 목표를 이뤘고, 두 번째는 지난주 공지 드렸던 '거북목 기획단'으로 목표 달성! 게다가, 우리끼리 함께하는 워크숍도 준비 중이에요.

TMI로 저의 개인적 목표는 무엇이었냐면요. MBTI 끝자리 J 되기였는데, 그건… 올해가 아니라 이번 생에 어려울 것 같아요. 하지만 포기하지 않고, 노력하고 있어요. 멤버님의 2024년 목표는 무엇이었나요? 거북목 우편함에 남겨주시면, 함께 이야기 나눌게요. 짧은 가을, 우리 알뜰하게 보내요!

2024년 8월 29일 희북이 드림

거북목편지   No.033

한 주 잘 보내셨어요? 저와 터틀넥프레스는, 폭풍 같았어요. 마법 같았어요. 꿈 같았어요.

- 'HFK'에서 『인터뷰하는 법』 북토크
- 경남 진주 '진주문고'에서 『인터뷰하는 법』 북토크
- 경북 구미 '삼일문고' 대표님 미팅
- 대전 '버찌책방'에서 『인터뷰하는 법』 북토크
- '땡스북스' 전시를 위한 '거북목 기획단' 아이디어 회의
- 터틀넥프레스의 디자인을 맡고 계신 '스튜디오 고민'의 첫 책 추천사 마감

이렇게 일주일을 보내고 나니 생각 에너지가 고갈되었습니다. 오늘 편지는 일주일의 근황 사진만 담아 전하려고 해요. 편지를 열어봐주신 멤버님, 죄송하고 고맙습니다.

함께라면 가능할지도

HFK에서
『인터뷰하는 법』 북토크.

구미 '삼일문고' 대표님과의 만남.
시간 가는 줄 모르고 책과 서점,
지역에 대해 이야기 나누었고,
다음주 화요일에
『인터뷰하는 법』 북토크를
진행하기로 했어요!

운명과 같은 진주.
'진주문고'에서 북토크를
진행했어요.

터틀넥프레스의 시작부터 응원해주신 대전 '버찌책방'에서 북토크.

'땡스북스' 전시 아이디어를 찾기 위해 모인 '거북목 기획단'.

이번주는 조금만 쉬고 올게요. 가을 산책 자주 하시면서 건강히 지내고 있기요! 엉금엉금, 다시 오겠습니다.

2024년 9월 5일 희북이 드림

함께라면 가능할지도

거북목편지 No.034

지난 화요일에는 경북 구미에 있는 '삼일문고'에서 북토크가 있었어요. 모객 기간이 짧아서 조금 걱정했는데, 많은 분이 함께 해주셨답니다. 특히 난생처음 북토크에 참여하신다는 60대 여성 두 분이 계셨는데요. 나이를 먹을수록 '처음'인 것들이 줄어들잖아요. 그런데 두 분의 인생에 『인터뷰하는 법』이 첫 북토크로 자리하게 되었다니, 영광이고 또 감사했습니다.

올해 하반기는 책 만드는 시간보다 거북목 멤버님들을 만나기 위해 방방곡곡을 다니는 시간이 더 많은 것 같아요. 이렇게 북토크도 많았고, 지난주에는 '거북목 기획단' 아이디어 회의도 있었는데요. 어떻게 진행되었는지 궁금해하실 것 같아서 그날을 기록해보았습니다.

지난주 9월 3일. 드디어 거북목 기획단이 회의를 하던 날! 장소는 상수역 부근이었고요. 마침 제가 좋아하는 김밥집, 연우김밥이 근처에 있어서 멤버들을 위한 저녁으로 준비했습니다. 메뉴는 연우김밥, 방울토마토, 견과류, 그리고 제가 삶아서 가져간 계란 열 알. 맥주도 알코올과 무알코올로 전부 준비했고요. 어떻게 하면 김밥을 예쁘게 쌓을지 고민하며 준비를 했습니다.

드디어 모인 멤버들…! 도움을 주시겠다고 나선 여섯 명의 거북목 멤버님들과, 회의 진행을 도울 두 명의 거북목 커넥터님들이 만났습니다. 그리고, 피할 수 없는 자기소개 시간이 이어졌는데요.
사진에서도 느껴지지 않나요? 서로에게 보내는 호감과 호기심의 눈

함께라면 가능할지도

빛요. <거북목편지>를 읽으며 각자의 자리에 있던 멤버들이 이렇게 우연한 기회로 모여 이야기를 나누게 된 게 참 신기했어요. 다른 듯 비슷한 면이 많았던 것도 재밌었고요.

세 명의 멤버와 한 명의 커넥터가 한 조가 되어서, 회의를 시작했습니다. 위의 사진에서 왼쪽이 '거북조', 오른쪽이 '목조'. 회의 주제를 드린 후, 칼같이(!) 시간을 정해서 회의를 이어나갔는데요. 이런 주제로 이야길 나누었어요.

주제1. 우리의 땡스북스 전시에 이름을 붙인다면?
주제2. 쇼윈도는 어떤 모습이면 좋을까요?
주제3. 내부 매대에는 책과 함께 어떤 이야기를 담을까요?
주제4. 함께할 수 있는 굿즈와 이벤트는?

회의를 마치고 모두 모여 회의에서 나온 의견들을 발표했습니다. 각 조의 의견에 "와아" 감탄하기도 하고, 서로의 생각이 비슷한 순간엔 또 "마음이 맞았네!" 하기도 하면서요.

오늘 함께한 소감을 나누고 기념 사진을 찍었는데요. "거북목 포즈로 찍으면 어떨까?" 하는 이야기가 나왔고, 모두, 자신의 거북목을 최대한 꺼내어 사진을 찍었습니다. 이 포즈… 앞으로 터틀넥프레스 시그니처 포즈로 삼을까 봐요!

함께라면 가능할지도

이날 나눈 엄청난 아이디어들은 10월에 시작되는 땡스북스 전시에 반영할 예정입니다. 현실로 만들고 싶은 아이디어들이 너무 많아서 고민인데요. 거북목 기획단 여러분들과 다짐을 했어요. 내년에 북페어에 나가서, 마음껏 꿈을 펼쳐보자고요. 과연, 터틀넥프레스의 2025년은 어떤 모습일까요…!

거북목 기획단에 관심 가져주신 멤버님, 도움을 주고 싶다고 신청해주신 멤버님, 그리고 함께한 기획단 멤버님들. 터틀넥프레스는 1인 출판사지만 1인 출판사가 아니라는 걸, 매일 느끼고 있습니다. 감사드려요. 이렇게 함께할 수 있는 뜻깊은 자리, 또 만들겠습니다. 곧 만나요!

그런데, 아주아주 중요한 선택이 남아 있어요. 바로, 전시 기념 굿즈입니다. 이날 회의에서 정말 다양한 굿즈 아이디어가 나왔거든요. 멤버님은 어떤 굿즈를 갖고 싶으세요? 의견을 남겨주시면, 만들어드리겠습니다(?!)

다음주는 추석 연휴로 <거북목편지>도 잠시 쉬어 갈게요. 연휴 잘 보내고, 또 소식 나눠요. 달 보며 소원 빌기, 잊지 말기요!

보름달만 보면 언제든 소원을 비는 희북이가
2024년 9월 12일 드림

거북목편지　　　　No.035

2주 만에 편지드려요. "연휴 잘 지내셨어요?"라고 묻기엔 연휴가 언제 있었나 싶은 기분입니다. 그래도 가을이 온 것 같아서(아직 못 믿겠지만) 기뻐요. 요 며칠 자주 산책했거든요.

오늘은 10월 중순부터 시작되는 땡스북스 전시 준비가 어떻게 진행되고 있는지 공유해드리려고 합니다. 두두둥!

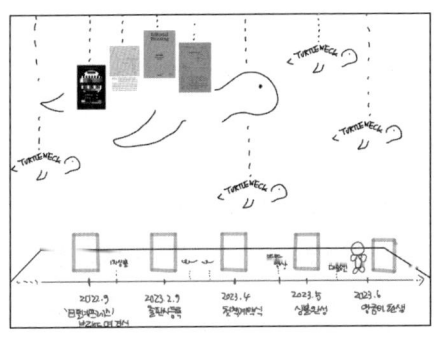

땡스북스 쇼윈도 쪽 스케치입니다. 프로그램을 다룰 줄 몰라서 손으로 그렸어요.

함께라면 가능할지도

이 전시 스케치는 '거북목 기획단'의 아이디어를 제가 정리만 한 것뿐이에요. 모든 아이디어는 기획회의에서 나온 거랍니다. 땡스북스 점장님과 매니저님이 너무 좋아해주셨어요. 이렇게 독자들과 함께 만드는 전시는 처음이라고 하시더라고요. 아마… 국내 최초 아닐까요?! 전시에 대한 자세한 이야길 잠깐 들려드릴게요.

(1) 전시 제목은
우리는 어쩌다 거북목이 되었을까?
: 터틀넥프레스 브랜드전

(2) 전시 콘셉트는
'타임라인'입니다! 터틀넥프레스의 시작부터 현재까지를 시간의 흐름으로 보여드리려고 해요.

(3) 쇼윈도
'우리들의 바다'를 표현하려고 해요. 위쪽에는 거북목들이 함께 헤엄칩니다. 천장에 대롱대롱. 그중 대왕 거북목의 등껍질은 터틀넥프레스 책으로 표현하고요. 아래쪽 창문 유리에는 터틀넥프레스의 타임라인을 시트지로 부착합니다. 안쪽 테이블에는 타임라인에 맞게 관련된 물건과 사진을 콜라주한 액자를 설치합니다.

땡스북스 안쪽 테이블에도 전시가 이어지는데요. 마찬가지로 타임라인 콘셉트로 준비하고 있습니다. 그런데 이것만 있으면 쫌 아쉽잖아요. 새로운 볼거리들도 준비하고 있는데요. 요건 전시에서 직접 확인하실 수 있도록 일단은 비밀로 할게요. 후훗.

<거북목편지> 34호에서 땡스북스 전시를 위해 어떤 굿즈를 만들면 좋을지 의견을 구했는데요. 정말 많은 멤버들이 답장을 보내주셨어요. 이런 의견들이 있었습니다.

책갈피, 키링, 파우치, 티코스터, 거북이 핀배지, 거북이 굿즈, 달력, 포토카드, 연필과 지우개, 그립톡, 북클립, 메론빵, 거북목 스트레칭 아이템, 엉금이, 휴대용 독서대, 클리어파일, 독서등, 거북이 문진, 종이 북커버, 북커버, 연필마개, 달력, 컵, 머들러, 다이어리, 거북이 모양 거울, 캔버스백, 스티커, 메모지, 북백, 펜홀더, 북홀더링 등등.

멤버님, 진심인데요. 전부 만들고 싶어요. (아… 책은 언제 만들죠?) 종합해봤을 때, 가장 의견이 많았던 굿즈는 이러했습니다.

1위. 키링 / 2위. 책갈피 / 3위. 문진, 북커버

함께라면 가능할지도

땡스북스 전시 굿즈는 디자이너님과 상의하며 또 소식을 전하겠습니다. 그리고, 지금 당장은 전부 못 만들지만 버킷리스트 지우듯이 하나씩 하나씩 만들어갈게요. 단! 멤버님께 꼭 필요한 굿즈로요. 쓰임 없는 굿즈는 만들지 않겠습니다(약속).

> 사실은 무엇이든 좋을 것 같습니다.
> 어떤 굿즈든 좋으니 기대하고 있겠습니다!!
> 희북이 굿즈라면 뭐든 다 좋을 것 같습니다
> (일상에서 은은하게 터틀넥 팬인걸 드러내고 싶어요...!)
> 그게 무엇이든 좋아하게 될 거예요. 고맙습니다.

그리고 많은 의견 중 하나는 "무엇이든 좋아요"였어요. ㅠㅠ 감사합니다.

의견을 더해주신 다정, 미돌도리, 이다희, 진담, Sol, 문유리, 싱나, 연빛나, 책만사, 김명선, 민기, 성우, 쇼이, 모래알, 소하, 김수강, 유리나, 3, 김원조, 조혜진, 아이리스, 소Pd, mistyHH, 김미진, 양, 장은지(Teary), 진혜은(지네), 성장캐, 찬원, 진흙거북, 제제, 박정원, 예북, 멍옥, 윤주, 김윤정, 연곤 멤버님들 감사합니다!

혹시, 땡스북스 전시에 아이디어를 더하고 싶다면 편히 남겨주세요! 그 밖에 어떤 이야기든 환영합니다!

2024년 9월 26일 희북이 드림

거북목편지　　No.036

안녕하세요. 희북이입니다! 멤버님은 가을이 오는 걸 무엇으로 가장 먼저 느끼시나요? 저는 재채기로 느껴요. 비염이 있어서 기온이 떨어지고 환절기가 되면 어김없이 재채기를 하고, 또 컨디션이 안 좋으면 감기로까지 이어지는 코스를 밟습니다. 저희 짝은 손이 트는 걸로 안대요. 수족냉증이 있어서 손이 더 건조해지거든요. 그리고 오늘 만난 국립수목원의 연구원님은 계수나무 낙엽 냄새로 가을이 왔구나, 하신대요. 토끼와 달나라에 있다는 그 계수나무 있잖아요. 계수나무 낙엽에서는 달고나 냄새가 나더라고요. 가을에 나무 옆을 지나가는데 신기하게 달고나 냄새가 난다,

계수나무 낙엽. 하트 모양인데, 킁킁거리면 달콤한 향이 납니다.

함께라면 가능할지도

하면 계수나무일 가능성이 높다고 해요.

사실 하고 싶은 이야기가 너무 많아요. 지난 일요일에 다녀온 대전의 '오케이 슬로울리' 북토크 후기와 터틀넥프레스 첫번째 워크숍 후기도 있고요. 스튜디오 고민 실장님들의 새 책 『씩씩한 포크와 계획적인 나이프』도 소개해야 하고⋯. 일단 땡스북스 전시 진행 상황부터 전해드리자면요.

현재 전시 준비 상황을 한마디로 요약하자면 '하루씩만 살자'입니다. 내일은 모르겠다. 모레, 글피는 더 모르겠다. 일단 오늘만 산다! 라고 마음먹었어요. 전시 오픈 날짜를 떠올리면 '이것도 해야 하는데, 저것도 해야 하는데' 하고 머리와 마음이 분주해지는데요. 그러면 스트레스만 받더라고요. 그래서, 오늘 할 일을 딱 정해두고 그것만 해내자, 내일은 내일의 일을 하자, 하면서 일들을 처리해나가고 있습니다.

그렇게 분주한 와중에, 너무나 기쁜 소식도 있어요. 우리 땡스북스 쇼윈도에 거북목 친구들이 헤엄치는 걸 표현해보기로 했었잖아요. 그 거북목 친구들을 현실로 만들어줄 분이 나타났습니다. 바로바로, 애슝 작가님이에요! 터틀넥프레스 브랜드 영상을 함께했던 애슝 작가님이 전시에도 합류해주셨습니다.

애숭 작가님이 그린 거북목 친구의 소중한 앞발. 곧 전신을 공개합니다…!

전시 준비를 위해 많은 분이 함께 애쓰고 계시는데요. 터틀넥프레스 심벌 창조자이자 아트 디렉터(라고 제가 주장하는) '스튜디오 고민'에서 굿즈 디자인을 작업 중이시고요. 지인 찬스로 이혁 작가님이 평면 스케치 속에 있던 생각을 실제로 구현할 수 있게 전시 전반에 걸쳐 도움을 주고 계십니다.

전시 콘셉트 아이디어와 기획, 굿즈 아이디어, 그걸 현실로 만들어내는 일까지, 정말 많은 분의 손이 닿고 있어요. 그래서 더 뜻깊은 전시입니다. 준비 기간이 고되지만, 그래도, 이 시간이 벌써 그리워질 것 같아요. 또 한 주간 신나게 준비해볼게요. 그럼, 한 주 건강히 보내고 다음주에 또 소식 나눠요!

2024년 10월 3일 희북이 드림

거북목편지　　　　No.037

　　멤버님은 1년 중 어느 달을 가장 좋아하세요? 저는 바로 지금, 10월을 가장 좋아해요. 더위가 지나가고, 너그러운 바람이 불고, 하늘이 높아지고, 근사한 구름과 노을을 볼 수 있는 때. 아름다운 계절이다, 라는 말이 절로 나오는 요즘입니다.

　　얼마 전, 저희 아디(아트디렉터)님인 스튜디오 고민 실장님과 통화를 했는데요. "전시, 부담되시겠어요" 하시는 거예요. 이유를 여쭈니, 이렇게 편지로 계속 이야기하면 거북목 멤버들의 기대감이 높아지지 않겠냐는 말씀이었어요. 우오오오오오옷?! 생각도 못한 포인트였습니다. 그러고 보니, 그렇더라고요. 그간 너무 큰 목소리로 소문을 낸 건가. 갑자기 부담감이 쿵 하고 눈앞에 떨어졌습니다. 그래서 영감과 아이디어를 얻기 위해 며칠 전, 벼락치기 하듯 세 개의 팝업과 전시에 다녀왔어요. 하나씩 소개해드릴게요.

백년서점 서평화, 뇨끼 작가의 팝업 <우리의 계절>

    출판 일을 시작하고, 내가 이거 하나만큼은 잘했다! 하고 말할 수 있는 손에 꼽는 일이 바로… 서평화 작가님을 단행본의 세계에 모신 것이었습니다. 2019년 한수희 작가님의 『무리하지 않는 선에서』 삽화 작업이 서평화 작가님의 단행본 데뷔작이에요. 인스타그램에서 작가님의 그림을 처음 봤던 순간을 아직도 기억합니다. 마을버스 안이었는데요. "우아아아아아!" 소리칠 뻔했어요. 대체 이분은 누구인가! 당장 연락을 드렸고 그렇게 시작된 인연으로 『무리하지 않는 선에서』, 『저는 종이인형입니다』, 『미식가를 위한 일본어 안내서』, 『오늘부터 300일』을 함께 작업했어요. 그림도 그림이지만, 작가님을 참 좋아합니다.

이 인형, 어쩐지 익숙하지 않나요?
터틀넥프레스의 유일한 직원
'엉금이'와 닮았죠? 엉금이는 서평화
작가님의 작품이랍니다.

팝업은 서평화, 뇨끼 작가님의 원화와 원화 키링, 아트포스터와 엽서 등, 두 작가님의 세계가 담긴 종이로 가득했습니다. 정말 두 분의 세계를 엿보는 듯했어요.

서평화 작가님의 그림은, 오래 들여다보게 됩니다. 마음을 담아 그린 디테일들을 하나씩 보는 기쁨이 있어요. 그러는 동안 나도 모르게 빙긋 웃게 됩니다. 행복한 기운에 서서히 물드는 느낌이랄까요. 뇨끼 작가님의 그림은, 이야기를 상상하게 합니다. 이 장면에서는 어떤 일이 있는 걸까. 혹은 어떤 일이 생길까. 귀 기울이게 돼요.

팝업 장소로 올라가는 계단에 있던, 두 분이 운영하는 '백년서점' 소개가 인상적이었는데요. 이런 내용이었습니다.

뇨끼: 안녕하세요? 만나서 반갑습니다. ^o^ 백년서점은 글과 그림을 사랑하는 두 사람이 함께 만들어가는 작은 서점입니다.

서평화: 어떤 일을 오랫동안 하면 행복할까? 라는 질문에서 시작하게 된 공간이에요. 저희가 그리고 만든 종이 속 세계에서 평화로운 시간 보내셨으면 좋겠습니다. 감사합니다.

<슈타이들 북 컬처: 매직 온 페이퍼>

책 좋아하는 사람들의 특징. 책과 관련된 굿즈, 책과 관련된 책, 책과 관련된 영화나 드라마, 책과 관련된 전시를 좋아한다. 저도 마찬가지인데요. 때문에 북아트의 전설, '슈타이들'의 전시는 절대 놓칠 수 없었습니다.

2013년에도 대림미술관에서 <슈타이들 전>이 있었어요. 기억하시는 분들 많을 거예요. 그때 저도 정말 흥미롭게 전시를 봤어요. 이번 전시는 마치 그 전시의 2편 같았어요. 1편 <슈타이들 전>이 책을 만드는 과정과 방식에 크게 집중했다면, 2편 <슈타이들 북 컬처>는 그 과정을 거친 결과물에 중점을 둔 느낌이었어요. 특히 전시 마지막에 출판사가 위치한 작은 마을, '슈타이들빌'에 있는 라이브러리를 그대로 재현한 곳에서 엄청난 퀄리티

전시에서 가장 인상적이었던 사진들이에요. 제가 한국에서 보는 장면과 그다지 다르지 않아서, 익숙해서, 오히려 인상적이었어요. 동지애 같은 걸 느꼈던 듯해요. 하하.

특히 이 사진은, 인쇄소에서 제가 늘 기장님을 바라보던 프레임과 같았는데요.

왼쪽이 『오늘도 우리는 나선으로 걷는다』 표지를 찍어주신 기장님, 오른쪽이 『에디토리얼 씽킹』 본문을 찍어주신 기장님이에요. 제가 왜 익숙했는지 멤버님도 느껴지시죠?

의 아트북들을 실제로 보고 넘겨볼 수 있거든요. 이 라이브러리에서 머무는 시간을 감안해서 전시 관람 시간을 잡아보시면 좋을 것 같아요.

브런치스토리 성수 팝업 <WAYS OF WRITERS: 작가의 여정>

혹시 멤버님도 '브런치' 작가님이신가요? 작가님이라면 아이디카드를 발급받으러, 예비 작가님이라면(특히 '작가 도전'에서 떨어진 경험이 있으시다면) '브런치 인턴 작가' 등록을 위해 성수 팝업에 가셔야 합니다.

먼저, 작가님이라면 도착하자마자 아이디카드를 발급받을 수 있습니다. 사진과 작가명이 인쇄된 아이디카드를 그 자리에서 만들어줘요.

함께라면 가능할지도

팝업은 각각 '프롤로그', '챕터 1~3', '에필로그' 구역과 브런치의 큐레이션 서비스 [틈]을 소개하는 구역까지 크게 여섯 구역으로 나뉘어 있었어요. 프롤로그와 챕터 1, 챕터 2 구역은 작가의 여정을 시작한 이들의 '전시'로, [틈]과 챕터 3 구역은 작가의 여정을 떠나기 위한 준비 '워크숍'으로 느껴졌어요. 그래서인지 이 팝업은 직접 참여해야 진짜 즐길 수 있겠더라고요. 실제로 챕터 3 구역 책상에 앉아 글을 쓰는 분들이 정말 많았어요.

제가 오래 머문 곳은, 작가의 여정을 타임라인으로 보여주는 챕터 2였는데요. 땡스북스에서의 저희 전시도 '타임라인'이 콘셉트인 터라, 특히 눈여겨봤어요. 작가들이 지금에 이르기까지 어떤 여정을 거쳤는지 한눈에 보면서도 중요 사건들을 구체적으로 알 수 있으니까, 이야기를 따라가는 과정이 재밌더라고요.

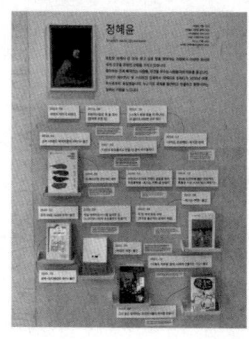

챕터 2의 타임라인 전시

 이제 저는 현실로 돌아와 다시, 준비를 합니다. 너무 기대하시면 안 되지만, 그래도 열심히, 해볼게요. 책 속 이야기는 하나도 없는 오늘의 <거북목편지>는 여기서 마칩니다. 멤버님도 최근에 다녀오신 전시나 팝업이 있나요? 있다면, 후기 들려주시겠어요? 혹은 추천하거나 가보고 싶은 곳도 좋아요! 좋은 계절, 아름다운 계절, 하루하루 누리시기를요. 다음주에 또 편지할게요!

2024년 10월 10일 희북이 드림

거북목편지　　　No.038

왼쪽부터 희북이, 땡스북스 혜민 매니저님, 소정 점장님

"우리는 어쩌다 거북목이 되었을까?"

땡스북스 쇼윈도 전시, 설치 완료!!!!!!

그런데 아직 보여드리고 싶었던 것에서 80퍼센트 정도밖에 못 했어요. 계속 업데이트하며 자세한 소식 전하겠습니다.

오늘은, 기절해 누울게요….

2024년 10월 17일 희북이 드림

 거북목편지　　　　No.039

　어쩐지 오랜만에 편지를 드리는 기분이에요. 지난주에 제가 너무 황급히 사라졌죠? 땡스북스 전시 설치하고, 정말 온몸이 다 아프더라고요. 많이 긴장해서 그랬나봐요.

　오늘은, 바로 완성한 모습을 보여드릴까 하다가 직접 오셔서 보는 재미도 있으니까! 과정을 말씀드리려고 해요. 그중에서도 땡스북스 쇼윈도 설치 이야기입니다.

전시 설치날 아침. 택시 기사님이
제 짐들을 흘깃흘깃 보시더니
"예술가이신가보다~" 하셨어요.
"에에? 아뇨. 자영업자입니다" 대답하니
기사님도 "에에?" 하시더라고요.

함께라면 가능할지도

거북목 기획단의 아이디어로, 쇼윈도에 거북목들이 헤엄치는 모습을 구현해보기로 했었는데요. 폼보드에 출력해서, 천장에 낚싯줄로 매다는 것이 계획이었어요.

이전 편지에 말씀드렸던 것처럼, 귀여운 거북목들은 애슝 작가님이 작업해주셨어요. 작가님께 샘플 시안을 받은 날, 프린트카페에 가서 출력한 후 실제 크기로 잘라봤더니 너무 귀엽잖아요….

다음 날 땡스북스로 달려가 크기를 가늠해보려고 일단 유리창에 붙여봤어요. 아니, 이미 또 너무 귀엽잖아요…. 지나가는 분들이 많이 쳐다보셨는데, 붙잡고 자랑하고 싶었습니다.

이번 전시에서 너무나 큰 역할을 해준 프린트카페. 감사합니다.

프란츠 님,
잠시 실례했습니다.

자, 거북목들은 오케이! 폼보드 출력 제작을 바로 의뢰했고요. 다음은 쇼윈도의 배경이 되는 벽. 다른 전시들을 보니 쇼윈도의 뒷벽은 현수막 출력을 하거나, 작품을 전시하는 용도로 많이 활용해오셨더라고요. 저희는, 쇼윈도 전체를 바다처럼 표현하고 싶었어요. 그런데 날씨는 추워지고, 바다를 가득 담으면 보는 분들도 오스스 추워하실 것 같아서 고심을 하던 때, 문득 얼마 전 DDP에서 보았던 전시가 떠오르더라고요.

미디어아트 전시였는데 작품 <미인도>가 설치된 전시장에 들어서니 한복 원단 같은 패브릭이 레이어로 설치되어 있었어요. 연못 영상이 그 패브릭 위로 떨어지는데, 와우, 너무 예뻤거든요. 더 부드럽고 따뜻해 보였고요.

이거다!!!!!

함께라면 가능할지도

한복 원단으로 거북목들이 헤엄칠 바다를 만들어보자는 가설을 세웠습니다. 일단 천을 고르고 고른 끝에 샘플로 1마씩 주문해서 받았는데, 이걸 대체 어떻게 레이어해야 할지 감이 안 오더라고요. 저에겐 다 비슷해 보이는 파란색. 그래서 가방에 원단을 잔뜩 싸들고 망원동에서 개인전을 진행 중이었던 이혁 작가님을 찾아갔습니다. 땡스북스 전시 설치를 도맡아주신 은인이세요.

작가님은 원단을 보자마자 바로 착착 자르더니, 미니어처 샘플을 만들며 색을 조합해보시더라고요. 비침과 반짝임도 보고요. 몇 개의 원단은 탈락! 최종 선택한 세 가지 색으로 쇼윈도에 바다를 만들어보기로 합니다. 정말 막막했는데 작가님 덕에 가벼운 발걸음으로 돌아왔어요.

작가님이 지정해주신 대로 주문한 원단이 도착했습니다. 재단을 하고, 위아래가 너덜거리면 지저분하니까 박음질을 하기 위해 재단하고, 박음질할 곳 표시하고, 재단하고, 또 박음질할 곳 표시하고… 전시 준비 중 가장 고강도의 육체노동이었어요.

다음은, 준비한 원단을 맡길 수선집 찾기. 네이버지도를 열어서 수선집들을 검색해봤어요. 몇 군데 전화를 걸어 한복 원단을 일자로 박음질해주실 수 있는지 여쭤보니 조금 갸우뚱, 시큰둥한 답이 돌아왔습니다. 그러다 이름이 재밌는 수선집을 발견했어요. 호기심이 생겨 원단을 품에 가득 안고 무작정 찾아갔습니다. 수선집 이름은 '허허실실 수선실'.

사장님은 한복 원단을 보시더니 반가워하셨어요. 오래전 김영희 디자이너의 한복 패션쇼 제작을 맡은 적이 있다고 하시더라고요. 세상에, 귀인이 또 나타나셨어. 박음질을 하는 동안 사장님께 한복 원단의 특징에 대해서도 듣고, 수선실 일에 대해서도 이야기 들었어요. 궁금했던 이름의 의미도 여쭈었습니다. '허허실

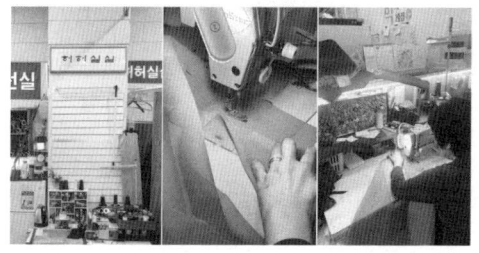

함께라면 가능할지도

실'은 '비우고 채운다'라는 뜻이라고 하셨어요. 와아, 이렇게 멋진 이름의 수선실이라니. 제가 감탄하자 수줍게 웃으시면서 "제가 맨날 허허실실 웃는다고 해서, 또 허허실실이기도 하고요" 말씀하시는데, 반해버렸어요.

자… 이렇게 귀인 사장님 덕분에 준비 완료! 이 원단은 어떻게 설치했는지, 다시 설치 당일로 가서 보여드릴게요.

먼저, 쇼윈도 벽 위쪽 공간이 비어 있어서 폼보드로 가벽을 만들어주었어요. 원단의 비침이 있어서, 확실히 차단해주기 위해! 그리고 진한 색 원단부터 설치 시작. 한 겹, 한 겹, 레이어를 만들어서 색에 변화와 깊이를 주었고요.

이제 폼보드에 출력한 거북목들을 낚싯줄로 묶어서 대롱대롱 달아주기. 이 모든 과정을 이혁 작가님 혼자 하셨⋯. 그동안 저는 무얼 했느냐면요.

감탄하고 감탄하기, 사진 찍기⋯.
(작가님, 감사합니다.)

그렇게, 완성한
우리들만의 바다!

함께라면 가능할지도

실물로 보면 다릅니다. 낮과 밤이 다르고요. 살랑살랑 흔들리고 있어서, 헤엄치는 듯한 느낌이 들어요. 자… 그런데 저 아래 액자가 보이시나요? 다음주에는 쇼윈도의 저 액자의 정체와 내부 테이블 이야기, 다다음주엔 굿즈 제작기를 들려드릴게요.

땡스북스X터틀넥프레스 브랜드전은 진행 중이고요. 거북목 멤버들의 설문으로 만든 굿즈, 참여 공간, 작은 포토존도 준비했어요. 홍대—합정 오실 때, 슬쩍 들러 함께해주세요.

                            2024년 10월 24일 희북이 드림

거북목편지   No.040

    얼마 전부터 저는 캐럴을 듣기 시작했습니다. 크리스마스에 특별히 무언가를 하는 것도 아닌데, 그저 기다리는 동안의 그 묘한 설렘을 좋아하거든요(정작 크리스마스날엔 덤덤함). 여러 플레이리스트를 듣곤 하는데, 오래된 캐럴을 특히 더 좋아해요. 지금 듣고 있는 플레이리스트는 바로 이것입니다. 함께 들어요.

    작년 크리스마스에는 눈이 왔습니다. 작년에 쓴 일기를 펼쳐보니 "선물 같은 눈이 내렸다"라고 적혀 있더라고요. 터틀넥프레스의 작년 12월은 『에디토리얼 씽킹』으로 정말 바쁘게 보낸 시기였어요. 12월 첫 주에 출간된 책이 좋은 반응을 얻으며, 할 일이 많았거든요. 오프라인 교보문고 매장에 책이 없어 직접 책을 배송하기도 했었는데요. 뚜벅이인 저는 양손에 책을 들고 이동하면서도 무거운 줄도 모르고, 정말 기뻐하며 하루하루를 보냈습니다.

함께라면 가능할지도

그렇게 사랑받은 『에디토리얼 씽킹』이 최근 20쇄를 찍었습니다. 출간한 지 1년이 채 되지 않았는데, 20쇄라니. 아직도 믿기지 않아요. 거북목 멤버들, 깊이 감사합니다. 읽어주시고, 주변에 알리고 또 추천해주신 덕분에 많은 분께 닿을 수 있었어요. 앞으로도 오래 곁에 두고 읽고 싶은 책을 만들겠습니다.

(왼쪽) 땡스북스에 최혜진 작가님 사인본 『에디토리얼 씽킹』이 소량 입고되었습니다.
(오른쪽) 작가님이 20쇄 기념으로 맛있는 저녁을 사주셨습니다.

땡스북스에서 진행하고 있는 터틀넥프레스 브랜드전이 딱 2주째를 맞았어요. 그사이 거북목 멤버님들이 많이 다녀오셨더라고요. 스토리로 태그 걸어주신 분들, 감사해요. 오늘은 지난주 편지에서 예고드린 대로, 쇼윈도 아래쪽과 땡스북스 내부 테이블을 만든 과정을 간단히 소개해드릴게요.

이번 전시의 제목은 "우리는 어쩌다 거북목이 되었을까?"인데요(『인터뷰하는 법』오마주). 여러 의미가 담겨 있어요.

- 우리는 어쩌다 책을 좋아하는 사람이 되었을까?
- 우리는 어쩌다 터틀넥프레스를 알고, 좋아하게 되었을까?
- 우리는 어쩌다 (진정한 의미의) 거북목이 되었을까?

그리고 저에게는 '어쩌다 터틀넥프레스를 시작하게 되었을까?'의 의미이기도 해요. 전시는 그 '어쩌다'에 답하는 타임라인을 콘셉트로 구성했습니다. (역시나 모두 '거북목 기획단'의 아이디어였습니다.) 쇼윈도의 왼쪽에서부터 이야기가 시작되어서 서점 내부 테이블까지 티틀넥프레스의 여정을 따라갈 수 있도록 했는데요. 2022년 11월 브랜드명 결정, 2023년 2월 출판사 등록 등등 터틀넥프레스의 여정에 중요했던 순간들을 만나보세요.

함께라면 가능할지도

이 기록들은 올 겨울 출간 예정인 『터틀넥프레스 사업일기』에서 발췌한 거예요. 2022년부터 터틀넥프레스가 엉금엉금 걸어온 시간을 담은 책인데요. 열심히 준비 중입니다. 자, 다시 쇼윈도로 가보면요.

바로 저 액자! 액자 속에는 타임라인의 그때 어떤 일이 있었는지 보여주는 기록물들을 넣었어요. '브랜드명 결정'에는 브랜드

이름을 고민하며 메모해둔 이름들, '출판등록'에는 실제 출판사 등록허가증을, 'BI 결정'에는 스튜디오 고민이 보내주신 시안을, '엉금이 입사일'에는 엉금이 제작과정에 대한 이야길 담았어요.

　　엉금이 탄생 과정을 담은 액자를 만들던 모습입니다. 네… 모두 수제작입니다. 이번 전시의 특징은 '수제 전시'라는 점도 있습니다. 엉금이를 궁금해하셨던 분들, 땡스북스에 가면 엉금이가 기다리고 있습니다.

함께라면 가능할지도

오늘은 전시 중에서도 '타임라인' 부분을 설명드렸는데요. 다음주에는 이번 전시에서 꼭 만들어보고 싶었던 '스토리진zine' 제작기를 들려드릴게요. 매주 이렇게 적고 보니, 마치 전시 도슨트 같다는 생각도 드네요. ㅎㅎ 으음, 문득… 전시 도슨트의 날을 만들어볼까요? 오실 분 계실까요?!

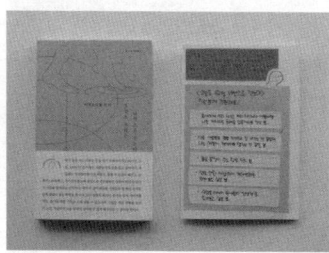

터틀넥프레스의 책마다 책 작업 이야기를 담은 '스토리진zine'을 만들었어요. 사진 속에서 오른쪽입니다.

10월의 마지막날, 그리고 11월의 첫날들 잘 보내고 다음주에 만나요. 꼭꼭 감기 조심하시고요!

2024년 10월 31일 희북이 드림

거북목편지 No.041

    멤버님은 요즘 무슨 노래 들으세요? 분명 지난주에 캐럴'을 듣고 있던 저는 갑자기 90년대 음악을 듣기 시작했어요. 어디서부터 시작되었는지 모르겠는데, 갑자기 꽂혀버려서 유튜브를 훑고 다니고 있는데요. 지금은 아래의 플레이리스트를 들으며 편지를 쓰고 있습니다. 윤상 아저씨의 젊은 시절로 시작하는 이 플리, 모니터에 띄워두고 흘깃흘깃 영상 보는 재미도 있습니다. 한번 들어보시겠어요?

    오늘은 지난 편지에서 예고해드렸듯이 땡스북스 전시에서 선보이고 있는 '스토리진zine' 제작기를 전해드릴게요. 먼저, 진zine'이란 무엇인가부터 이야기를 시작해야 할 것 같습니다. 진이란 인쇄에서 제본까지 자체적으로 만드는 독립출판물로, #책등이없고 #개인적인 #서브컬처 #자유로운 #손으로만드는 등의 특징을 가진 소책자를 말합니다(<About ZINE SPIRIT> 참고).

함께라면 가능할지도

저에게 버킷리스트 같은 게 하나 있었는데요. 회사를 떠나 독립할 때 떠올린 것인데, 바로바로 독립출판물을 만드는 거였어요. "책 만들던 사람이 독립출판물 만드는 거 쉽지 않나요?"라는 질문을 듣곤 했는데요. 완전히 문법이 다릅니다. 마치, 상업 장편영화와 독립 단편영화의 차이처럼요.

저는 상업출판물의 틀을 벗어나 자유롭게 출판물을 만들어보고 싶었어요. 그런데 어떻게 시작해야 할지 모르겠더라고요. 그때 '패치워크'의 해리님을 통해 진의 세계를 처음 만났습니다. 진은 어떤 주제든 담을 수 있는 아주 흥미로운 그릇처럼 느껴졌어요. 그리고 몇 권을 만들어본 지금은, 약간 중독되어 있는 상태입니다. 뭐든 진으로 만들고 싶어요.

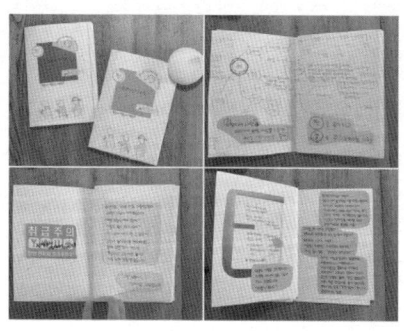

독립진 《'터틀넥프레스'라고요: 출판사 이름 짓기 대모험》 일부

제가 맨 처음 만든 진은 《'터틀넥프레스'라고요:출판사 이름 짓기 대모험》이었습니다. 브랜드 이름을 짓기까지의 여정을 담은 진이었는데요. 해리님과 네 시간 정도 초집중해서 만든 거였어요. 이 경험을 하고 나서 '책 만든 과정을 담은 진을 만들면 재밌겠다!'는 생각이 들었고, 땡스북스 전시를 기획하며 '타임라인' 콘셉트에 맞게 책을 만든 스토리를 담은 '스토리진'을 만들기로 결심했습니다.

시작할 땐 마냥 좋았습니다. 언제나처럼 신난다, 신난다 하면서 저질렀지요. 그런데, 실제로 만들어보니 시간과 노력이 어마어마하게 들어가더라고요. 스토리진 한 권을 만드는 데에 대략 열 시간…. 전시 준비와 업무를 하는 동시에 만들려니 한 권 작업하는 것도 힘들더라고요. 그래도 무척 재밌었습니다. 오래전 자료들을 다 꺼내보고, 작가님들과의 카톡 대화와 메일을 다시 읽어보고, 스토리를 구성하고, 오려 붙이기까지. 추억 여행을 하면서 손을 움직이니 즐겁더라고요.

그럼 이제부터 어떤 과정을 거쳐 스토리진을 제작했는지 순서대로 보여드릴게요. 당연하지만, 창작자마다 제작 방법은 다릅니다. 저의 경우 상업출판물을 만들던 방식에서 차용해온 과정도 있고요. 저만의 스토리진 만들기 방법은 이러합니다.

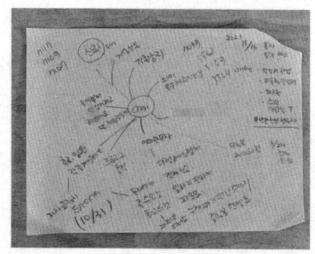

1. 내용 기획: 마인드맵을 그리며 어떤 내용을 담을지 생각을 정리해봅니다.

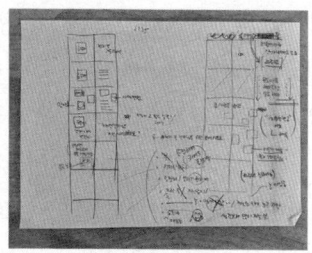

2. 페이지 스케치: 책 만들 때도 이렇게 페이지를 스케치해보는데요. 진은 처음부터 끝까지 전부 스케치했습니다. 대강의 레이아웃과 내용을 적어봤어요.

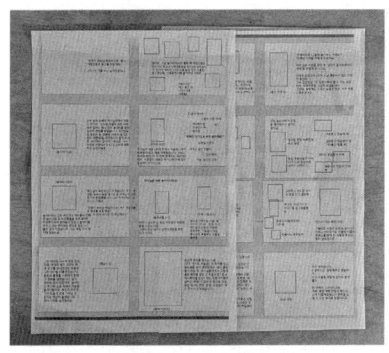

3. 페이지 잡기와 원고 쓰기: 이제 본격적으로 페이지를 구성해봅니다. 어떤 이미지가 들어가면 좋을지 정리하고, 원고도 씁니다.

4. 자료찾기: 사진첩, 작업 폴더, 책 만들며 주고받은 이메일, 카톡 대화, 각종 업무 메모 등등 모든 자료를 뒤적이며 필요한 자료를 수집합니다.

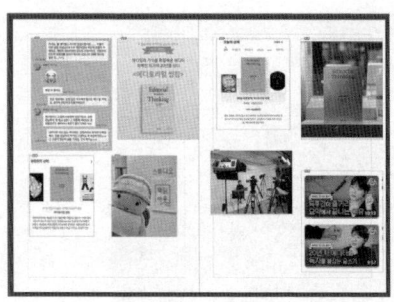

5. 인디자인에 앉히기:진에 들어갈 사진을 출력해야 하는데, 사이즈가 가늠이 안 되어서 편집 프로그램인 인디자인에 스토리진 판형과 같은 페이지를 만들고, 사진을 하나씩 넣어보면서 사이즈를 가늠했습니다. 사이즈를 정한 이미지는 A4 한 장에 싹 모은 후에,

6. 출력: 프린트카페에 가서 컬러 출력을 합니다.

7. 본격 진 만들기: 출력한 사진을 하나씩 자르고 → 기획했던 페이지대로 붙이고

8. 손글씨로 원고를 씁니다.

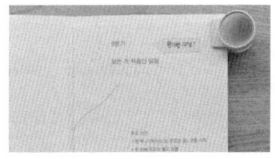

8. 실로 묶기: 계획한 대로 다 붙였다면, 이제 제본할 차례! 노란색 실로 바느질해서 묶었습니다.

9. 완성! 이렇게 각각의 책 옆에 함께 두었어요. 테이블 옆에 의자도 있으니, 편히 앉아서 읽어봐주세요.

이렇게 땡스북스 전시 곳곳에는 터틀넥프레스의 숨은 이야기들을 많이 담아두었는데요. 이야기들을 꺼내어 제가 직접 설명해드리는 '도슨트의 날'을 마련해보려고 합니다. 전시를 준비한 과정, 터틀넥프레스 브랜드 이야기 등을 들려드릴게요!

2024년 11월 7일 희북이 드림

 거북목편지 No.042

지하철을 타기 위해 늘 지나다니는 길에 벚나무 몇 그루가 있어요. 봄이면 큰 꽃망울을 터뜨려, 오가는 사람들을 감탄하게 하는 나무들이에요.

어느 날, 벚꽃이 지면 벚나무는 자기 할 일을 다한 기분일까, 다음해 봄만 기다릴까, 그런 생각을 한 적이 있어요. 나무를 잘 아는 선생님께 이 이야기를 드리니 웃으시면서, 벚나무는 열매도 맺고, 가을엔 단풍도 무척 예쁘다는 얘기를 해주셨어요. 아아, 벚나무의 단풍.

그 후론 가을이면 벚나무를 관찰하곤 했는데요. 정말 단풍이 근사하게 물들더라고요. 그러다가 잎을 모두 떨어뜨리고 겨울 눈을 만들고, 봄을 준비하는 과정까지 볼 수 있게 되었고요. 벚나무는 봄에만 사는 게 아니라는, 당연하지만 잊고 있던 사실을 알게 되었습니다. 마치 우리의 화려하고 좋은 시절만 '삶'이라고 하지 않듯 말이에요.

오늘로 전시가 6일 남았습니다. 정말 많은 분이 와주시고, 전시 후기를 남겨주셨어요. 정말 기뻤고, 또 감사했습니다. 전시는 19일 저녁에 철수합니다. 전시를 마친 후에도 11월 말, 12월에도 이벤트들이 기다리고 있으니 많이 아쉬워하지 않을게요.

오늘은 전시 준비 뒷이야기 마지막 편, 굿즈 제작기를 공유하도록 할게요. 굿즈를 만드는 건 참 어려웠는데, 이야기는 그다지 많지 않아요. 그러나 역시나 빠지지 않는 실패 에피소드. 제작을 완료했으나 멤버님들께 보여드리지도 못한 굿즈가 있었으니… 뒤에서 공개하겠습니다.

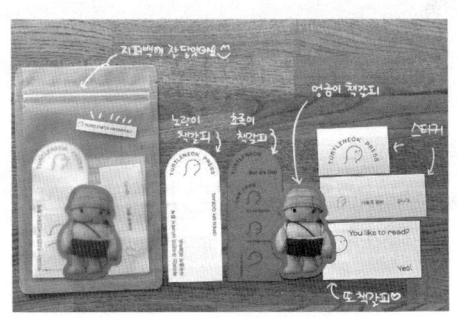

터틀넥 멤버 키트 구성품.

아시다시피 굿즈도 거북목 멤버들의 설문과 아이디어를 통해 제작했습니다. 일단 첫 번째는 '터틀넥 멤버 키트'인데요. 책갈피 4종과 스티커 2종을 담았어요.

책갈피 굿즈를 갖고 싶다는 의견들을 많이 주셔서, 사실 처음엔 독특한 책갈피들을 많이 찾아봤었어요. 자석으로 되어 있어서 책장에 붙일 수 있는 책갈피, 나무 책갈피, 꽂는 책갈피, 플라스틱 책갈피, 투명 책갈피 등등등 세상에 어마하게 많은 책갈피들이 있더라고요. (요즘 제 탐색창에는 전 세계의 책갈피가 뜹니다.)

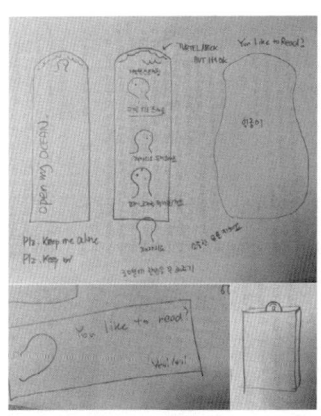

책갈피를 만들기 위한 스케치들.

함께라면 가능할지도

그런데, 제가 사용해본 경험과 주변의 책 친구들에게 의견을 구한 결과, 그런 책갈피들은 예쁘고 갖고 싶기는 한데 정작 사용하면 책갈피 무게 때문에 책이 찢어지거나, 눌리는 등 불편하다고 하더라고요. 그래서, '책갈피의 본질에 충실하자…!' 결심하고, 종이 책갈피를 제작하기로 했습니다.

실제로 잘라서 우리 책들에 껴봤어요.
딱 어울릴 수 있도록!

스티커는 거북목 멤버임을 슬며시 드러낼 수 있는 디자인으로 2종을 만들었습니다. 하나는 터틀넥프레스 심벌 스티커였고요. 또 하나는 "거북목 멤버입니다."라고 담백하게 적힌 멤버 인증 스티커입니다. 계속 잘라서 제 노트북에 붙여보며 적절한 사이즈를 찾았어요.

스티커도 이것저것 여러 종류를 만들어봤지만, 딱 두 개로 심플하게 진행했어요.

책갈피 4종과 스티커 2종은 다시 사용할 수 있는 지퍼백에 담았습니다. 그리고 이런 편지도 동봉했어요.

"거북목 멤버님 반갑습니다! 책 좋아하는 우리를 위해 오밀조밀 준비한 키트예요. 노랑이와 초록이, 엉금이 책갈피는 엄청 두꺼운 310g 종이로, 하양이 책갈피는 359g 벨벳화이트 고급지로 제작했습니다. (참고로 터틀넥프레스 책들의 표지는 210g이에요.) 거북목 멤버 인증 스티커 2종은 리무버블이고요. 너무 큰 소리를 내지 않으면서도 거북목 멤버임을 슬며시 드러낼 수 있도록 디자인했습니다. 지퍼백은 태그나 포스트잇 등을 보관하는 용도로 활용해보세요. :) 이 키트가 거북목 멤버들의 책 읽는 시간을 더 환하게 만들어 주었으면 좋겠습니다."

'터틀넥 멤버 키트' 편지에서 발췌

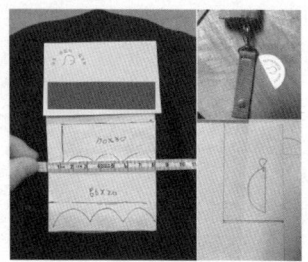

키링을 만들기 위한 과정들.

이번에 처음 제작한 두 번째 굿즈는 키링입니다. 굿즈 설문에서 1등을 차지한 품목이었어요. 키링은 세 가지 디자인으로 준비했습니다. 하나는, 심플한 심벌을 담은 키링. 또 하나는, 노란색 바탕에 베리에이션한 심벌로 만든 키링(일명 단무지 한 조각), 그리고 조금 길고 반원 세 개가 이어지는 키링까지.

준비했던 키링 3종.

매끈한 투명 아크릴 재질은 어쩐지 안 어울릴 것 같아서, 반투명 무광 아크릴로 제작할 수 있는 업체를 찾았고, 무사히 제작도 넘겼어요. 그리고 열흘 후…

키링이 도착했습니다. 실물이 너무 예뻤어요. 특히 반원 세 개를 붙여 만든 키링이 기대보다 훨씬 예쁘더라고요. 와아, 이거 어서 멤버들에게 보여드리고 싶다! 막 흥분해서 요리조리 만져보는데… 갑자기 "뚝".

세 번째 디자인의 키링이, 힘을 조금 주면 똑 부러지더라고요. 오목하게 파인 부분이 약해서 그런 듯했어요. 흐엉흐엉… 이렇게 예쁜데, 멤버들한테 선보일 수 없다니, 흐엉흐엉흐엉 아쉽다. 흐엉흐엉흐엉.

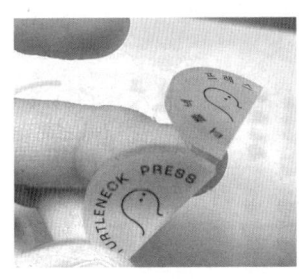

안돼애애애애애애애애….

함께라면 가능할지도

결국 이 키링은 제가 혼자 독차지하게 되었습니다. 덕분에 찐한 실수 에피소드를 만들었어요. 이 레어템 키링은 언젠가 멤버들과 나눔하겠습니다. 이 또한 이번 전시의 기록이니까요.

이렇게 우여곡절 끝에 제작한 키링 2종과 터틀넥 멤버 키트(책갈피 4종+스티커 2종)는 땡스북스에서 책을 구입하는 분들께 드리고 있어요. 이 이벤트는 전시 마지막날까지 이어집니다.

터틀넥프레스 굿즈들(사진: 땡스북스)

몇 주에 걸쳐 땡스북스 전시 준비와 제작기를 소개해드렸는데요. 이렇게까지 자세히 전시 과정을 본 건 처음이라는 반응이 많았어요. 목적은 딱 하나였습니다. 멤버들이 함께 준비하고 만들어준 전시를 어떻게 현실로 구현했는지, 그 과정을 공유하고 싶었어요. 왜냐면, 너무 감사해서요. 그 마음을 전하고 싶었습니다. 그런데 그동안 쓴 글을 모아보니, 터틀넥프레스에도 중요한 기록이 되겠더라고요.

그간 긴 이야기에 귀 기울여주셔서 감사해요. 다음주까지 전시 잘 마치고, 슬픈 철수 이야기 전하겠습니다. ㅎㅎㅎ 아직 며칠의 시간이 있으니 못 오셨다면 들러주세요! 그럼, 다음주에 또 이야기 나눠요.

2024년 11월 14일 희북이 드림

 거북목편지 No.043

2024.10.16~11.19

땡스북스X터틀넥프레스 브랜드전

"우리는 어쩌다 거북목이 되었을까?"

전시 철수를 하루 앞둔 날 저녁, 점장님께 연락이 왔어요. 전시 테이블에 정말 많은 분이 계시다며 감동적이라면서요. 온종일 집에서 원고 정리를 하다가 소식을 들었습니다. 그 장면을 떠올려보는 것만으로도 눈물이 글썽였어요. 앞으로 책을 만들어가며 잊지 않을게요. 큰 응원, 깊이 감사합니다.

전시 기간 동안 놀랄 만큼 많은 분이 찾아와주셨어요. 기획부터 준비, 설치, 마지막날까지 거북목 멤버들과 함께해서 더 뜻깊은 전시였어요. 덕분에 행복한 가을이었습니다. 터틀넥프레스는 이제 다음 챕터로 넘어갑니다. 엉금엉금, 터틀넥프레스답게 계속 걸어가겠습니다.

감기, 독감 조심하시고요! 다음주에 또 편지할게요.

2024년 11월 21일

어쩐지 조금 센티멘털한 희북이 드림

함께라면 가능할지도

044-048
다음 챕터로 엉금엉금

거북목편지　　　No.044

지난주에 멤버님께 편지를 보내고 이석증이 찾아왔어요. 갑자기 눈앞의 사물들이 오른쪽으로, 별똥별 떨어지듯 뚝뚝 떨어지더라고요. 그리고 이어지는 어지럼증과 울렁거림. 귓속의 돌이 제자리에서 벗어나 움직여서 그런 거라는데, 참 신기했어요. 그 돌을 제자리로 돌려보내는 치료도 신기했고요. 치료 후 적응

하는 데에 또 시간이 걸린다는데, 온종일 은은하게 멀미를 하고 있는 듯한 기분이에요.

글씨 보는 일은 더더욱 어려워서, 모든 일이 더디게 가고 있습니다. 1인 출판은 제가 멈추면 모든 일이 멈추는 터라 속상하고 답답했지만 한 해를 마무리하는 지금, 갑자기 몸이 신호를 보내는 이유가 있을 거라는 생각에 부정적인 생각들은 멈추기로 했어요. 이 시기가 제게 무얼 말해주는 것인지 좀 더 생각해보려고 합니다.

금요일부터 부산 일정이 있는데요. 살살 무리하지 않고 다녀오겠습니다. 회복해서 다음주엔 북페어 후기 전할게요. 첨부한 사진은 몇 년 전 울릉도에서 찍은 것입니다.

귓속 돌에 대해 자주 생각하는 희북이 드림

다음 챕터로 엉금엉금

최백호 선생님의 <부산에 가면>이라는 노래 아세요? 저는 그 곡 때문에 부산을 더 좋아하게 되었어요. 부산이 고향도 아닌데, 노래를 들으면 어쩐지 부산이 그리워지고 추억하게 되고 그렇더라고요. 최백호 선생님의 <바다 끝>이라는 곡도 좋아해요. 오늘은 그 두 곡을 들으며 편지를 씁니다. 오늘 멤버님과는 <바다 끝>을 함께 듣고 싶어요.

한수희 작가님과 부산에 다녀왔습니다. 제2회 <마우스 북 페어>에서 작가님과 <디어개츠비: 출판편집자와 작가의 우정 이야기>라는 주제로 클래스를 진행하기로 했거든요. 출발하면서부터 멤버님께 부산 일정을 어떻게 소개해드리면 좋을까 생각했어요. 저는 'Daygram'이라는 기록 앱을 쓰고 있는데요. 이 앱에 순간순간 떠오른 생각들을 시간과 분까지 기록해뒀어요. 오늘은 그 기록과 사진들을 바탕으로 부산 출장 여행기를 전해드릴게요.

저는 2박 3일 일정, 한수희 작가님은 1박 2일 일정이었습니다.

2024년 11월 29일 금요일

AM 07:55 영등포역

서울에 남는 짝이 배웅해주며 그런다. "묘한 쓸쓸함과 오묘한 해방감이 드네." 무슨 말인지 알 것 같다. 나도 그렇거든, 여보.

AM 07:46 기차 안

창밖의 별거 아닌 풍경을 보고도 설레서 가슴이 쿵쾅거린다. 기차 창밖 풍경을 좋아하는 것도 도파민 중독의 일부일까? 특별한 목적지 없이 기차만 타고 왔다갔다만 해도 행복할 것 같다.
해가 뜨기 시작했다. 내가 이걸 보려고 왼쪽 창가 자리로 예매했지. 아직 눈이 녹지 않은 들판 위로 해가 뜨는 걸 보니, 기차 여행하는 기분이 째진다. (그러곤 기절해 잠듦.)

다음 챕터로 엉금엉금

AM 10:26 부산역

부산역 도착! 익숙하면서도 설렌다. 근데, 부산 따뜻한 거 아니었어? 왜케 추워. 분명 영상 10도가 넘는다 했는데.

AM 10:32 부산역 지하상가

부산역 지하상가에서 이 조끼가 계속 보인다. 마침 옷도 얇게 입고 왔는데, 하나 살까. 한수희 작가님께 커플로 입는 거 어떠냐 카톡으로 여쭤니, 털 고무신까지 사다달라 하신다. ㅋㅋㅋ

AM 10:37 부산역 플랫폼

부산 지하철 안내 방송에서 들리는 파도 소리, 뱃고동 소리, 갈매기 소리. 너무 좋다.

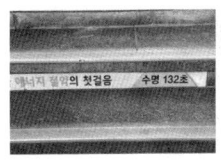

AM 10:55 서면역

서면역 도착. 도쿄 지하철을 방불케 하는 서면역은 늘 길 찾는 게 쉽지 않다. 엘베는 어디 있는지 모르겠어서 캐리어와 무거운 손가방, 백팩까지 이고 지고 계단을 올랐다. 수명 132초가 줄어드는 기분이다.

AM 11:11 서면시장

숙소에 짐을 맡기고 다시 지하철역으로 향한다. 아까 눈여겨본 오뎅 노점에 들러 오뎅 3종을 하나씩 뿌셨다. 국물까지 호록 다 마시고 나니, 살 것 같다. 부산에 왔구나!!!

AM 11:57 센텀시티역

센텀시티역 도착. 와아, 여기도 내릴 때마다 늘 헷갈린다. 역이 문제가 아니라, 길치인 내가 문제겠지….

다음 챕터로 엉금엉금

PM 12:53 교보문고 센텀시티점

교보문고 센텀시티점. 얼마 전에 왔던 거 같은데 떠올려보니 『인터뷰하는 법』 들고 여름에 왔었다. 시간, 어디로 가고 있는 거니. 우리 책들, 잘 있다.

PM 14:00 서울부대찌개

센텀시티점 J 대리님과 '서울부대찌개'에서 점심 식사. 그러고 보니 벌써 세 번째 만남이다. 첫 출장 때부터 올 때마다 커피 사주시고, 응원해주시고, 에너지를 주신 분. 밥 먹으며 책 얘기는 1도 안 하고, 술 얘기, 맛집 얘기로 시간 가는 줄 몰랐다.

PM 14:53 센텀시티역

J 대리님이 길 잃지 말라며 지하철 개찰구까지 데려다주시고는 아따맘마 키링을 흔들며 배웅해주셨다. 왜 굳이 지방 서점까지 직접 다니냐고 묻는 분들이 많았다. 이유는 간단했다. 저 먼 곳에서 우리 책

을 독자들에게 소개해주는 분들이 궁금했다. 만나서 인사를 건네고 싶었다. 이제는 어느 지역을 떠올리면, 그곳에 있는 엠디님이나 서점이 먼저 떠오른다. 지역마다 친구가 있는 기분.

PM 15:45 서면역
다시 서면역으로 컴백. 손잡이의 존재도 몰랐는데, 이석증 이후로 계단이나 에스컬레이터 손잡이를 찾아서 꽉 쥐게 된다.

PM 16:57 소리온 이비인후과
낯선 병원에 앉아 대기 중. 부산에서 이비인후과까지 와보는구나. 약만 더 지어가려 했는데, 의사가 현재 상태는 어떤지 검사해보자 해서 그러겠다 했다. 이석증은 안정되었고, 이제 어지럼증에 적응해야 하는 단계이니 약은 오히려 먹지 않는 게 좋겠다 했다. 어지러움에 적응해야 어지럽지 않다고.

PM 18:37 마라톤집
마라톤집에서 드디어 한수희 작가님과 만남. 작가님이 선물이 있다 했는데, 진짜 큰 선물이 있었다. 바로 겸이(작가님 아들)!!! 나보다 작을 때 만난 게 마지막이었는데, 그사이 180이 훌쩍 넘는 고등학생이 되었다.

다음 챕터로 엉금엉금

만나자마자 얼기설기 만든 《섬, 개, 술zine》을 작가님께 드렸다. 보시자마자 너무 빵 터져서 웃으신다. 20년 차 편집자가 이렇게 만들어도 괜찮냐고, 터틀넥프레스 괜찮겠냐고. ㅋㅋㅋ 근데 그게 넘 좋다. 대의 없이 내 마음대로 만든 책. 당당히 5천 원에 판매하는 책이라고 말씀드렸더니 웃음을 멈추지 못하신다. ㅋㅋㅋ 작가님이 막 놀리며 웃으시는데, 근데 그게 또 넘 좋다. 하하하하.

*《섬, 개, 술zine》은 저의 첫 독립출판물입니다.

PM 10:02 양산꼬꼬

야무지게 2차로 치킨까지 먹고 다음 날을 위해 숙소로 돌아갔다. 서면의 밤거리는 화려하구나아.

PM 11:43 숙소

실컷 웃고 떠들고 돌아와 고요한 방. 혼자인 거 오랜만이다. 음악을 틀어놓고, 창밖의 반짝이는 서면 거리를 흘깃흘깃 보며 내일 마우스 북페어에서 판매할 《섬, 개, 술zine》을 실로 꿰맸다. 너무 피곤하고 이 상황이 웃긴데, 할머니가 되어서 이 순간을 그리워하게 될 것 같았다.

2024년 11월 30일 토요일

(좌)AM 08:06 포항돼지국밥

배불러서 못 먹을 것 같다고 중얼거렸던 게 무색할 만큼 맛있게 다 먹었다.

(우)AM 10:53 상상마당 스테이 라운지

마우스 클래스 자료 최종 점검. 작가님과 주고받은 편지 294통, 카톡을 훑으며 정리한 자료라 양이 좀 많게 느껴진다. 역시 삭가님이 착착 생략하며 정리해주셨다.

다음 챕터로 엉금엉금

PM 12:01 상상마당 공연장

너무 커 보이는 행사장. 너무 큰 현수막. 덜덜덜. 리허설까지 하고 나니 실감난다.

PM 12:40 공연장 대기실

긴장도 풀고, 굳은 허리도 풀기 위해 각종 스트레칭 시도. 작가님이 만능 스트레칭 동작을 알려주셔서 자주 활용했다.(오른쪽)

PM 13:00 상상마당 공연장

드디어 행사 시작. 와주신 분들이 함께 웃고, 울고 하며 호응해주셨다. 조명이 밝아 앞이 잘 안 보였는데, 얼핏얼핏 보이는 얼굴들이 다들 웃고 있어 힘이 났다. 좋은 순간들이 차곡차곡 쌓인다.

PM 16:25 해운대 시장

한수희 작가님이 잠깐이라도 해운대에 들르려 한다고 하셨다. 바다가 보고 싶어서 나도 따라나섰다. 한 시간쯤 걸려 해운대역에 도착. 역에서 나와 해변으로 향하는 큰 길을 걷는데, 벌써부터 속이 뻥 뚫린다. 점심도 안 먹고 행사를 했더니 허기져서 바다고 뭐고 일단 먹기로 했다. 간단히(!) 떡볶이 세트 흡입.

PM 17:46 해운대 해변

해운대는, 해운대다. 큰 바다를 마주하는 걸로도 행복한데 노을까지 예쁘게 지고 있다. "좋다…"라는 말을 몇 번이나 했는지 모르겠다. 생각해보니 한수희 작가님을 두 번째 만났을 때 <부산에 가면>을 추천하며 들려드렸었다. 그로부터 8년이 지나 함께 부산에 있다니. 인생은 신비하다.

PM 18:30 다시 서면역

먼저 서울로 돌아가는 작가님과 겸이와 서면역에서 헤어졌다. 숙소를 향해 걷는데 조금 쓸쓸했다. 어제는 이 길을 신나게 떠들며 함께 걸었는데. 하지만, 함께 바다도 봤으니까. 이걸로도 충분하다.

그 이후 저는 마우스 북페어 창작자로 함께 참여한 친구들을 만나러 갔습니다. (외로울 틈은 아주 잠시였….) 다음 날 일요일에는 창작자로 참여했는데요. 이 이야기는 투비 컨티뉴…. 멤버님 건강히 한 주 보내고 다음주에 이야기 또 나눠요.

2024년 12월 5일 희북이 드림

 거북목편지　　　　No.046

　　지난 12월 3일은 제게 평생 잊지 못할 두 가지 일이 있던 날이었습니다. 하나는 저뿐 아니라 대한민국 국민이라면 누구나 기억할 그 사건이고요. 또 하나는, 교보문고 출판어워즈에서 터틀넥프레스가 <내일이 기대되는 출판사>로 선정되어 상을 받은 일이었습니다.

　　거북목 멤버들에게 기쁜 소식과 시상식 현장을 바로 공유하며 함께 축하하고 싶었어요. 그런데 기쁨을 빼앗긴 듯했어요. 무기력하게 며칠을 보냈습니다. 그러다 마음을 다잡았습니다. 우리들의 기쁨, 축하를 빼앗기지 말자고요. 인스타그램에 수상 소감 영상을 올렸는데요. 멤버님께 텍스트로 전합니다.

다음 챕터로 엉금엉금

교보문고 출판어워즈 〈내일이 기대되는 출판사〉 수상 소감

"일단 여기 오는 길에, 교보문고에서 매절* 주문을 주셨어요. 감사합니다. 터틀넥프레스는 작년 7월 첫 책을 내고 이제 네 권의 책을 낸 1인 출판사이고 신인 출판사입니다. 제가 19년 정도 회사에 소속해 책을 만들었는데요. 제일 하지 말아야 할 것, 절대 안 할 것이 출판사였거든요. 그런데 이렇게 여기에 서서 상을 받고 있는 게 신기하고, 인생은 장담할 수 없구나, 그런 생각도 듭니다.

2년 동안 터틀넥프레스를 운영하면서, 또 책을 만들면서 제일 많이 떠올린 단어가 '호의'였어요. 저는 편집자니까 사전을 찾아봤는데요. '친절한 마음', '좋게 봐주는 시선'을 뜻하는 거더라고요.

지난 2년간 큰 호의 속에서 책을 만들어왔습니다. 작고 작은 출판사에 원고를 건네주신 작가님, 아무것도 모르는 저를 앉혀놓고 매절부터 종이에 써가며 설명해주신 피엠님, 엠디님들, 그리고 저희 협업한 동료들, 또 중요한 거북목 독자님들의 호의 속에서 2년간 자라왔어요.

내일이 기대되는 출판사 상을 받는다고 하니까 주변에서 모레와 글피는 있냐고 물어보시더라고요. 이 상을 받고 다음 챕터로 넘어가는 기분이에요. 내일도 모레도 글피도 있는 출판사로 엉금엉금 잘 가보겠습니다. 큰 상 주셔서 감사합니다."

*매절: 일종의 대량 주문

이 상은 거북목 멤버님들, 작가님, 함께 책을 만드는 동료들이 같이 받은 상입니다. 축하합니다. 그리고 감사합니다. 터틀넥프레스에 좋은 소식이 하나 더 있는데요. 그것은, 크리스마스쯤 공개할게요.

다음 챕터로 엉금엉금

멤버님과 나누고 싶은 두 번째 소식은, 터틀넥프레스의 첫 기부에 관한 것입니다.

아래 두 개의 장면들에서 '장면 1'의 수익금 전부와 '장면 2'의 수익금 10퍼센트를 '우양재단'이라는 곳에 기부했습니다. 터틀넥프레스라고 이름을 적었지만 사실 '터틀넥프레스 멤버'들의 기부입니다.

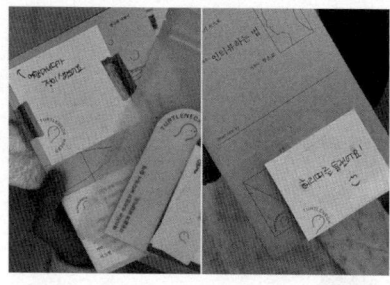

(장면 1) 지난 10월 27일, 동인천 옥상마켓에서 반품 들어온 책 중 깨끗한 책들을 선별해 판매했어요. 위의 사진이 바로 그 책들 중 일부입니다. 반품 책은 그대로 두면 대부분 파지가 되고 마는데요. 책들을 구출하자는 심정으로 마켓에 가지고 간 거였는데, 사연을 들은 많은 분이 기쁜 마음으로 책을 구입해주셨어요. 한 분은 책을 구입하시면서 "세상에 한 권밖에 없는 책이네요! 더 특별해요"라고 하셔서 감동받기도 했습니다. 작가님들도 이날 판매된 책에 대한 인세는 기부하는 데에 뜻을 함께해주셨고요.

(장면 2) 한 달간 거북목 멤버들과 축제처럼 즐겼던 땡스북스 전시 동안, 거북목 멤버들이 책도 많이 구입해주셨어요. 터틀넥프레스의 책들을 모두 모으고 싶었다는 멤버들의 이야기를 듣고, 깊이 감사했습니다.

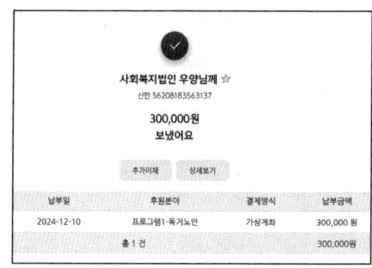

터틀넥프레스가 기부를 한다면 어디에 할지 많이 고민했어요. 그러다가 '함께 배움'을 실천하는 터틀넥프레스이니, 삶으로 가르침을 주신 어른들께 감사한 마음을 전하고 싶었습니다. 그후로 검색도 많이 하고 알아보다가 독거노인들의 먹거리 지원활동을 꾸준히 해온 '우양재단'을 알게 되었어요. 그런데 또 어떤 곳인지 모르니까(의심이 많다…) NGO 활동가였던 거북목 멤버님에게 조언을 구했는데요. 요리조리 활동들을 살펴보시고는, 괜찮은 곳 같다는 답변을 주셨습니다. 믿고 바로 결정!

거북목 멤버님들, 작가님들과 함께한 첫 기부. 더 의미 있고 뿌듯했습니다. 앞으로도 꾸준히 나누는 터틀넥프레스가 될게요. 모두 고맙습니다.

사진은 11월 30일 부산 '마우스 북페어'에서 한수희 작가님과 함께한 <디어 개츠비: 출판편집자와 작가의 우정> 클래스 때 모습인데요. 그날 질문 중에 멤버님과 나누고 싶은 부분이 있어 가져왔습니다. 멤버님들 중에 글을 쓰고 싶어하는 분들이 많은데요. 한수희 작가님의 이야기가, 힌트가 되지 않을까 싶어요.

Q. 거의 매일 글을 쓰실 것 같은데 (…) 어떤 때 어떤 마음으로 이렇게 쓰시는지 그런 것도 궁금하더라고요. 어디 장소가 있으신지 아니면 어떤 마음이 들 때 쓰시는지, 일종의 리추얼이랄지 그런 게 있으신지 궁금해요.

A. 재수없게 들릴 수 있는데요. (웃음) 마음을 갖고 쓰는 거는 아마추어고요. (일동 감탄) 미국의 소설가 필립 로스의 책에 나오는 말인데 "아마추어는 영감을 찾고, 프로는 일어나서 그냥 일을 하러 간다."

(일동 감탄2) 여러분도 다 마찬가지일 거예요. 회사에 뭐 영감 찾으러 가지 않잖아요. (폭소) 근데 그게 참 힘들어요. 혼자서 하는 일에 그런 마인드를 세팅을 해놓는다는 게 사실 힘든 거예요. 내가 안 한다고 해도 아무 상관이 없는데, 누구도 나를 찾지 않는데. 그래도 그렇게 하기 위해서, 사실 저는 다른 직업이 있기 때문에 아침 시간을 웬만하면 한 두 시간 정도를 그걸 위해 자동으로 앉아 일하는 시간으로 세팅해놓았어요. 앉아서 유튜브만 볼 때도 많아요. 근데 어쨌든 앉아 있는 게 중요한 거고요. 얼마 전에 아들 학교에 정세랑 작가님이 오신다고 해서 저도 갔거든요. 그분이 하시는 얘기를 들었는데 한 달에 하루 정도만 잘 써져도 정말 나이스고 나머지는 그냥 앉아 있는 것이다. (…) 한 달에 하루만 잘 써져도 되는 거니까 일단은 '앉자', 이걸로 시작하시면 좋을 것 같습니다.

혼란한 요즘, 저도 마음이 울렁이고 몸에도 자꾸 이상이 생겨 일상을 지키지 못하고 있었어요. 아침에 일어나 일단 제 책상에 앉는다(=출근한다)를 이번주부터 실천하고 있습니다. 멤버님도 일상을 잘 잡고 한 주 보내시기를 바라요. 다음주에는 좀 더 가벼운 마음으로 편지할 수 있기를요. 고맙습니다.

2024년 12월 12일 희복이 드림

다음 챕터로 엉금엉금

멤버님, 다시 만난 세계에서 편지 드립니다. 길었던 일주일이었어요. 멤버님은 어떤 마음으로 한 주 보내셨을까요. 만나는 사람마다 새삼 안부를 묻게 되는 날들이었습니다. 정신없이 12월을 맞이해버렸는데요. 어느새 2024년이 2주도 남지 않았더라고요. 거북목 멤버들도 올해 회고를 하고 계실 것 같아요. 오늘은 터틀넥프레스도 2024년을 회고해보려고 해요. 멤버님과 함께한 '2024 터틀넥프레스의 일곱 가지 순간들'을 정리해봤습니다.

2024 터틀넥프레스의 일곱 가지 순간들

순간 1. 『인터뷰하는 법』을 출간했습니다.

지난 7월, 장은교 작가님의 17년 인터뷰 경험을 담은 『인터뷰하는 법』을 출간했어요. 올해 터틀넥프레스는 한 권의 책을 만들었는데요. "으잉? 한 권밖에 안 나왔다고?" 하는 분들이 많으시더라고요. 사실 작년 12월에 『오늘도 우리는 나선으로 걷는다』와 『에디토리얼 씽킹』을 출간했기 때문에 책을 알리는 기간은 올해 초였거든요. 그래서 체감하지 못하셨을 거예요. 다만…(제 표정이 슬퍼졌습니다) 올해 말에 한 권의 책을 더 출간하는 것이 목표였으나, 이루지 못했습니다. 내년에는 준비 중인 타이틀이 많아요. 계획대로라면 네 권을 출간하려는데요. 과연, 내년 회고를 할 때 포부를 이루었다 할 수 있을지 함께 지켜봐주세요. (작가님들, 보고 계시죠…?)

순간 2. 네 권의 책 모두 중쇄를 찍었습니다.

출간만큼, 어떤 면에서는 출간보다 더 감격의 순간은 '중쇄'를 찍을 때입니다. 얼마나 많은 분이 읽어주실지 모른 채로 기대와 불안함을 안고 출간한 책이, '더 필요하다'라는 의미니까요. 출판사를 지속하기 위해서도 중쇄는 너무나 중요하고 소중합니다. 거북목 멤버님들 덕분에 내년에도 계속 책을 만들 수 있게 되었습니다. 깊이깊이 감사합니다 .

『기획하는 일, 만드는 일』 5쇄(2022년 7월 20일 출간)
『오늘도 우리는 나선으로 걷는다』 2쇄(2023년 12월 11일 출간)
『에디토리얼 씽킹』 20쇄(2023년 12월 22일 출간)
『인터뷰하는 법』 4쇄(2024년 7월 15일 출간)

다음 챕터로 엉금엉금

순간 3. 전국의 거북목 멤버들을 열네 번 만났습니다.

올해 터틀넥프레스는 서울에서 7회, 인천과 대전 2회, 전주, 구미, 진주, 부산까지 총 14회의 행사를 진행했어요. 평균적으로 최소 한 달에 한 번은 멤버들을 만났더라고요. 왜 그렇게 북토크를 열심히 하냐고 물어보신 분이 많았어요. 수익이 되냐는 질문도요. 일단, 수익이 '돈'을 말하는 거라면 그건 안 됩니다. ㅎㅎ 하지만 그보다 더 큰 수익이 있는 걸요. 앞으로 책을 만들어갈 에너지! 그리고 그 책을 응원해줄 든든한 전국의 거북목 멤버님들! 진심으로 그렇게 생각해요. 내년에도 부지런히 뽈뽈뽈 작가님들을 따라 전국을 누벼보겠습니다.

순간 4. 거묵복 멤버님들과 땡스북스 브랜드전을 함께했어요.

지난 10월 16일부터 한 달간 홍대 땡스북스에서 <우리는 왜 거북목이 되었을까?> 브랜드전을 진행했어요. 정말 많은 분이 와주셨고, 참여해주셨어요. 다시 한 번 감사합니다.

순간 5. <거북목편지>를 함께 읽는 멤버가 1,800명을 넘었어요.

어느새 이 편지를 읽고 있는 거북목 멤버가 1,869명이 되었습니다(2024년 12월 18일 기준). 전국에서, 해외에서, 각자의 일상을 살다가 같은 편지를 열어보는 거북목 멤버들을 상상해보곤 합니다. 편지를 읽을 때 어디에 계실까요. 어떤 표정을 짓고 계실까요. 궁금합니다.

순간 6. <내일이 기대되는 출판사>, <올해의 루키 출판사>로 선정되었어요.

큰 응원들을 받았습니다. 지난주 말씀드렸듯이 2024 교보문고 출판어워즈에서 <내일이 기대되는 출판사> 상을 받았습니다. 또 하나, 인스타그램에서 살짝 예고드렸던 기쁜 소식은 《시사IN》 선정 <올해의 루키 출판사>가 되었다는 것입니다. <내일이 기대되는 출판사> 상은 서점원분들이, <올해의 루키 출판사>는

다음 챕터로 엉금엉금

현직 편집자분들과 《시사IN》이 선정하셨대요.

    작년에 첫 책 『기획하는 일, 만드는 일』 반응이 좋았을 때, 물류 대표님이 이런 얘길 해주셨어요. 출판사가 초창기에 잘되는 건 내가 열심히 해서이기도 하지만, 무엇보다 주변에서 많이 도와준 덕분이라고요. 그 말씀을 잊지 않고 있습니다. 내일이 기대되고, 루키로 자랄 수 있었던 것은 모두 멤버님 덕분이에요. 《시사IN》 지면 인터뷰는 다음주쯤 볼 수 있을 듯해요. 소식 다시 전할게요.

순간 7. 멤버님께 총 48통의 편지를 보냈고, 632통의 답장을 받았어요.

2024년 1월 18일 <거북목편지> 0호를 시작으로 47호까지 총 48통의 편지를 보내드렸어요. 그중 10통의 편지는 한수희 작가님께서 '생활과 생각' 연재를 해주셨고요. (다시 떠올려도 너무 좋았던 글들.) 이렇게 꾸준히 편지를 쓸 수 있었던 건, 매주 보내주신 답장 덕분이었어요. 그간 받은 답장이 무려 632통이나 된답니다. 우리 내년에도 따뜻한 편지, 주고받아요.

추신. 그 밖에도 수많은 '처음'을 함께했어요.

터틀넥프레스도 나름 만 1년이 지났으니까, '처음'인 일들이 줄어들지 않았을까 했는데요. 여전히 신인 출판사입니다. 처음 해본 일이 너무 많아요. 떠오르는 대로 쭈욱 써보면 거북목편지, 한국출판인회의 준회원 가입, 종합소득세 신고, 팝업 참여(정동진 이스트씨네), 북마켓 참여(패치워크 옥탑마켓), 인스타 라이브 방송(with 한수희 작가님), 합동 북토크(with 장수연, 최혜진 작가님), 전자책 발행, 수익금 기부, 스토리진 제작, 거북목 기획단 회의, 도슨트의 날, 터틀넥 주최 워크숍 등등 수많은 처음을 함께했습니다.

다음 챕터로 엉금엉금

이렇게 멤버님과 함께 2024년을 보냈습니다. 여행도 초반이 더 오래 기억나듯, 터틀넥프레스의 첫해는 오래오래 기억날 것 같아요. 함께해주셔서 감사합니다. 1인 출판사여도 전혀 외롭지 않았어요. 든든했고요. 멤버님 고맙습니다.

이렇게 인사를 드리면 마치 다음주 편지가 없을 것 같지만, 아닙니다. 다음주 목요일에도 찾아올게요. 2025년 <거북목편지>의 변화에 대해서도 이야기 드릴게요. 메리 해피 크리스마스 보내고, 다음주에 만나요!

2024년 12월 19일 희북이 드림

거북목편지 　　No.048

편지가 늦었습니다. (잠시 변명을 드리자면) 저는 남쪽 끝에 있는 '욕지도'라는 섬에 와 있어요. 지금은 욕지도 도서관 종합자료실에 앉아 이 편지를 씁니다. 실은, 오늘이 수요일인 줄 알았어요. 그래서 작고 잘 관리된 이 도서관에서 느릿느릿 멤버님께 편지를 써야지 하고는 왔는데, 세상에… 오늘이 목요일이더라고요?! 휴대폰도, 노트북도 며칠간 잘 보지 않았더니 날짜와 요일 감각이 완전히 사라졌습니다. ㅠㅠ 지각한 편지, 죄송합니다.

지금 바로 제 앞 풍경입니다.

다음 챕터로 엉금엉금

어제 욕지도에서 전망이 가장 좋다는 '대기봉'이라는 곳에 올랐습니다. 오르는 길이 정말 험난했는데, 이런 풍경을 볼 수 있었어요.

욕지도는 통영에서 남쪽으로 배를 타고 한 시간 정도 거리에 있는 섬입니다. 고등어와 고구마가 유명하고, 낚시인들의 파라다이스인 곳이에요. 지금 묵고 있는 숙소의 사장님도 낚시를 좋아해서 욕지도에 정착하신 분이더라고요. 저와 짝은 8~9년 전쯤 욕지도에 당일치기로 온 적이 있는데요. 그때 버스로 섬을 돌아보고, 언젠가 꼭 다시 오자 했었는데 드디어 왔습니다. 아름답고, 깔끔하고, 평온해요. 그리고 맛있는 게 너무 많습니다. 하하.

2024년 1월 18일, <거북목편지>를 발송한 후 매주 목요일에 멤버님께 편지를 드렸어요. 이번 편지까지 총 49통의 편지를 썼습니다. 종이로 된 편지 봉투 49개를 머릿속에 떠올리니, 참 많은 편지를 주고받았구나 싶어요.

음, 말씀드릴 게 있는데요. 오래 고민하고 고민했는데요. 2025년 내년부터는 한 달에 두 번, 둘째 주와 넷째 주 목요일에 편지를 드리려고 해요. 올 한 해 매주 편지를 드리며 즐겁고 설렜어요. 그런데, 혼자 모든 일을 하며 매주 편지를 쓰는 일이 쉽지 않더라고요. 잠을 줄이며 편지를 쓰는 날도 많았고요. ㅠㅠ 그래서 고민 끝에 결심하게 되었습니다. 멤버님, 너무 서운해하지 않기를요. 흑.

대신!!! 내년에는 다르게 또 소식 전할 수 있도록 준비하고 있어요. 올해보다 책 출간도 많을 테고(기대해주세요!!!), 완전 다른 방식도 궁리 중이에요. 차차 소식 전할게요.

욕지도 도서관에서
『에디토리얼 씽킹』 발견.
이 먼 섬까지 와 있다니.
반갑고, 대견하고.

다음 챕터로 엉금엉금

멤버님이 편지를 읽고 계시다는 생각에, 누군가 함께하고 있다는 생각에, 외롭지 않았습니다. 든든했고요. 늘 말씀드리지만, 1인 출판이지만 혼자가 아니었습니다. 정말 감사했어요. 2025년에도 소식 나누며 지내요, 우리.

저는 연말까지 섬에서 아무것도 안 하며 지내다가 서울에 돌아갈 예정입니다. 이 편지를 쓰고, 노트북은 다시 열지 않을 예정이에요. 온전히 쉬면서 에너지 잔뜩 충전하고 갈게요. 내년을 위한 충전! 남은 2024년 평온하시기를요. 올해 감사했습니다. 큰절 올립니다.

2025년 첫 편지는 1월 9일 목요일에 도착합니다. 그때 또 이야기 나눠요! 멤버님, 고맙습니다.

2024년 12월 26일
남해의 섬에서 희북이 드림

다음 챕터로 엉금엉금

한 주 잘 보내시고요.
다음주 '목'요일에 또 편지할게요.

거북목편지   보낸 편지함

[000호]	멤버님 잘 지내셨어요?	2024-01-18
[001호]	이름이 같은 사람을 만나본 적 있나요?	2024-01-25
[002호]	안녕하세요! 희북이에요.	2024-02-01
[003호]	'맥시팬티'를 아시나요?	2024-02-08
[004호]	멤버님, 희북입니다.	2024-02-15
[005호]	거북목 멤버님 목요일이에요.	2024-02-22
[006호]	멤버님은 돌잡이로 무얼 잡았어요?	2024-02-29
[007호]	스무 살의 나를 길에서 마주친다면 어떨까요?	2024-03-07
[008호]	편지를 쓰다가 지워버렸어요.	2024-03-14
[010호]	오늘은 터틀넥프레스 TMI를 담았어요.	2024-03-28
[011호]	혹시 이런 모자 본 적 있나요?	2024-04-04
[012호]	멤버님 배워보고 싶은 것 있나요?	2024-04-11
[013호]	어쩌면 마지막일 수 있는	2024-04-18
[014호]	기쁜 소식이 있어요!	2024-04-25
[015호]	멤버님은 부자인가요?	2024-05-02
[016호]	출판사에서는 무슨 일을 할까요?	2024-05-09
[017호]	멤버님 냉장고에는 대파가 있나요?	2024-05-16
[018호]	멤버님께 보내는 엽서 한 장	2024-05-23
[019호]	한수희 작가님의 마지막 글을 담아 보내요.	2024-05-30
[020호]	동해에서 멤버님께 쓴 엽서예요.	2024-06-06
[021호]	멤버님이 수신 거부할 줄 알았어요….	2024-06-13
[021호]	기다리셨죠?!ㅠㅠ(재발송)	2024-06-18

[022호]	멤버님께만 처음 공개하는 네 번째 작가님!	2024-06-20
[023호]	여름 좋아하세요?	2024-06-27
[024호]	멤버님께 보내려고 도서전에서 산 엽서	2024-07-04
[025호]	TMI와 시시콜콜 이야기를 가득 담았어요.	2024-07-11
[026호]	지각했어요! 흑	2024-07-18
[027호]	장은교 작가님의 글을 가져왔어요!	2024-07-25
[028호]	책 한 권을 쓰는 데에 얼마나 걸릴까요?	2024-08-01
[029호]	특별한 선물을 받았어요.	2024-08-08
[030호]	저 고민이 있어요.	2024-08-15
[031호]	멤버님, 땡스북스 전시 함께하실래요?	2024-08-22
[032호]	멤버님의 새해 목표는 뭐였어요?	2024-08-29
[033호]	사과로 시작하는 편지	2024-09-05
[034호]	멤버님의 의견이 궁금해요!	2024-09-12
[035호]	땡스북스 전시 이렇게 준비하고 있어요!	2024-09-26
[036호]	달고나 냄새가 나는 나무를 아세요?!	2024-10-03
[037호]	저 팝업이랑 전시 다녀왔어요!	2024-10-10
[038호]	한 장의 사진, 한 줄의 소식	2024-10-21
[039호]	여러분! 땡스북스 전시 시작했습니다!	2024-10-24
[040호]	함께 축하하고 싶은 소식이 있어요.	2024-10-31
[041호]	멤버님도 독립출판물 좋아하세요?	2024-11-07
[042호]	11월 말에 큰 게 또 옵니다….	2024-11-14
[043호]	터틀넥프레스, 이제 다음 챕터로 건너갑니다.	2024-11-21
[044호]	이 시기가 어떤 이야길 들려주려는 걸까요.	2024-11-28
[045호]	멤버님! 부산 다녀왔어요_부산출장여행기	2024-12-05
[046호]	멤버님께 꼭 전하고 싶은 소식들을 담았어요.	2024-12-12
[047호]	멤버님과 함께한 7가지 순간들	2024-12-19
[048호]	2024년 마지막 편지를 드립니다.	2024-12-26

2025년 7월 7일 초판 1쇄 발행

지은이	김보희
펴낸이	김보희
펴낸곳	터틀넥프레스
등록	제2023-000022호(2023년 2월 9일)

홈페이지	turtleneckpress.com
전자우편	hello@turtleneckpress.com
인스타그램	instagram.com/turtleneck_press
뉴스레터 <거북목편지>	turtleneckpress.stibee.com

함께한 분들　한수희, 장은교, 최혜진, 장수연, 방해리, 곰아재, 융, 원, 미리미리, 호떡, 한소영, 임수민, 김재영, 다정, 기린언니, 제제, 김백수, 거북목 기획단 그리고 거북목 멤버들

디자인	스튜디오 고민
교정교열	이화령
제작	세걸음
물류	우진물류

ⓒ 김보희, 2025
ISBN　979-11-983409-9-3

- 이 책은 저작권법에 따라 보호를 받는 저작물이므로 무단 전재와 무단 복제를 금합니다.
- 이 책의 전부 또는 일부를 이용하려면 반드시 저자와 터틀넥프레스의 동의를 받아야 합니다.